子彈與玫瑰

李桐豪

T.H. Lee
Bullets N' Roses

目次

輯二：筆桿之中

輯三：廟堂之上

（※本書篇目係依據刊登日期或發表時間排序。）

前言

對我說真話

二〇一四年，因某種緣故，我在《壹週刊》從旅遊組被調到人物組，名片上的頭銜從記者變成主任，乍看高昇，但內心其實非常低落。跑旅遊這件事，天地任我行，不在三界中，跳出五行外，無論和辦公室或者整個世界，皆保持著一定的距離，維持著非常清爽的人際關係，那樣的工作狀態更適合社恐的自己，兩個禮拜一次的交稿挖空心思設法旅遊稿子寫出新花樣，想想那真是人生最好的時光了。闖過德黑蘭，去過北朝鮮，旅遊記者迫降現實人間，開始寫人物採訪稿，赫然發現人心是世上最難抵達的地方。

不知從何開始，那時候桌上的書都是《ＣＩＡ教你看穿他的謊言》、《跟誰都聊得來》和《蔡康永的說話之道》這樣的工具書，訪問吞吞吐吐，支支吾吾，寫稿拼拼湊湊，坑坑巴巴，每一篇訪問稿都寫得非常痛苦，都是靠酒精完成的。

《聖經》上有一個故事，講耶和華因索多瑪與蛾摩拉的罪惡，要毀了兩城，祂遣了兩名天使下凡探訪，若能找到五十個義人，就不滅那城，亞伯拉罕跟耶和華上帝求情，五、十、十五，彷彿划數字拳一樣，討價還價到假使一座城有十個義人，只要十個，祂就中止毀滅計畫。那時候的我是這樣想的：就給自己一年時間，一年要交十二個題目，十二個人當中只要有五個好人，那是我就相信這份工作是值得的，如果沒有敗陣下來的話，那就來吧。

訪問是從二〇一四年夏天開始的，第一個受訪者是蔡焜霖，白色恐怖受難者，非常儒雅的仕紳，再來日星鑄字行的張介冠、人類學家胡台麗，秋天來了，地方縣市長選舉風風火火的進行著，一口氣寫了有意競選連任臺南市長的賴清德和意在首都初披戰袍的連勝文，再來是豬哥亮、謝佩霓……寫著寫著，十年過去了。

本以為社恐到只能寫小說的我，訪著訪著居然就變成了以聊天為專業的人物記者了。

十年間，這個島的領導者從馬英九變成蔡英文，再變成賴清德，對岸是習近平、習近平、習近平，民粹政治興起，川普、杜特蒂、米雷伊這樣的狂人領袖應運而生，或應劫而來。十年間，世界起了翻天覆地的變化，一五年巴黎ＩＳＩＳ恐攻、一九年香港反送中運動，隨之是美中貿易大戰、百年大疫COVID-19和烏克蘭戰爭……面對時代的風起雲湧，記者是站在歷史現場的見證者，對攪動風雲當權者詰問為何如此的那個人，記者，更像是薩伊德所定義的知識分子：「特立獨行的人，能向權勢說真話，耿直、雄辯、極為勇敢及憤怒的個人，對他而言，沒有什麼世間權勢是龐大、壯觀到不可以批評、或直截了當地責難的。」故而一場像樣的訪問，記者必得是帶著子彈與玫瑰赴會，要不使其懺情，要不套出口供，那樣的準則讓自己當年訪問《灣生回家》的田中實加，面對華麗的話術，還能保持清明，保住記者的專業，當然，這十年也不乏失手的時候，譬如訪問柯文哲。

二〇一四年柯文哲參選，白袍醫生變成阿北市長，捲起政壇旋風，然而媒體寵兒從白色巨塔到土城看守所，也不過十年。時間改變了一個人，也改變了媒體生態。往日，大家在簡餐店吃飯，是排骨飯配牆上電視TVBS新聞，或翻《蘋果日報》、《壹週刊》，如今，食客們更多的時候是低頭扒飯滑手機。今時今日，閱聽人新聞的攝取由雜誌報紙新聞臺轉移到網路社群，孫安佐的新聞與加薩走廊衝突共治一爐，不同的同溫層、在不同的粉絲頁對同一則新聞說著相反的事實，假裝得非黑即白、假裝得振振有辭，假裝得無所不知。在這個世代議論新聞，宣洩情緒比溝通重要，人設比人格重要，一篇鞭辟入裡的社論不如一張梗圖。在文字貶值得比日幣還不值錢的年代，KOL（Key Opinion Leader，意見領袖）、網紅取代了知識分子，只有那些少年不讀書的人，長大才當記者。

當然也不是沒有志於新聞工作的年輕人們在自己的工作崗位認真做事，譬如我《鏡週刊》人物組的同事們，或者劉致昕、簡永達這些可敬可畏的同業們，他們約莫是小我一個世代的新聞工作者，然而他們非常耐煩，在網路社群上，能用大量大量的數據，將兩性平權、香港新疆、環保、移工等議題解釋得很深入，做出非常卓越的新聞。後面的人跟上來了，變成兵強馬壯好大一個隊伍，所謂解釋性報導。但當年在傳統紙媒和我一樣寫人物報導的同事們卻一個一個落隊了，我是說，採訪不怕冒犯人，不怕得罪人，聽錄音檔的時候選擇素材也不先預設立場，願意好好理解一個人，不是非黑即白一刀砍劈下去，願意細心觀察那人心曲曲折折的幽微之處，寫出人性的五十度灰，那樣的文字稿。

十年過去了，新的新聞工作者會有新的媒介、新平臺記錄整個世界，我永遠保持樂觀，這批原生於紙媒生態的稿件，是時代激情燃燒後剩下的一團灰。舊時代華麗餘燼，文字的手藝，若並未隨風而逝，願祝它死灰復燃。

謝謝當時《壹週刊》與現在《鏡週刊》人物組主管王錦華，她是這些文章第一個讀者，謝謝她嚴格的把關和中肯的意見。也謝謝當年人物組副總編董成瑜的抬舉，還有裴偉，無論是作為一個大方的老闆和受訪者。

除了內文與上述提到受訪者，也要感謝如下的受訪者，謝謝你們的知無不言，對我說真話：

吉田修一、葉麗萍、馮凱、李明維、賀一航、曾仲影、周龍章、張大春、陳克華、焦桐、伊藤潤二、謝龍介、謝安、侯俊明、黃惠偵、王小棣、林煒盛、沈可尚、上野千鶴子、林美虹、周東彥、魏海敏、王心心、詹宏志、謝聰敏、丹尼爾特里福諾夫，陳哲藝、周耀輝、黃耀明、黃之鋒、姚謙、管管、苦苓、祁家威、柳茂川、童仲彥、童子賢、呱吉、龍應台、謝長廷、唐福睿、楊雅喆。

還有，黃婉玲，李永豐，以及願意為我坦白說出心內話的芸芸眾生們，對你們手比愛心。

我是李桐豪，希望你們喜歡這本書。

光影之下

輯一

Volume 1:
Beneath the Light and Shadow

照片提供：鏡週刊
攝影：嚴正坤

賭一條命　豬哥亮（1946-2017）

豬哥亮二〇一四年發現罹患大腸癌二期，原本是該手術治療的黃金時間，他拿來拍賀歲片《大囍臨門》以及主持《華視天王豬哥秀》他說：「我夠了，人生夠精彩了。我預估自己再活一年。華視人家都不看的，我已經做到第一名了，可以了，這一年就賺一點錢，留一些給太太，給女兒舞臺，給大兒子培養孫子，讓他們知道最後阿公走，有留一點點給你們，不會餓到。」

他跑去當板橋鎮發宮主任委員，因為朋友當了主任委員，癌症奇蹟恢復。他說自己戒賭了，但其實還在賭，和上蒼賭一條命。

化妝室內，豬哥亮穿戴整齊正等著錄《康熙來了》。他坐在椅子蹺腿抖腳，側過身與一旁的素珠閒話家常。工作人員探頭進來喊錄影了，素珠連忙起身問：「便所抵叨位？我先來放一泡尿。」攝影棚裡眾人依序坐定，蔡康永、小S進場，五四三二一，開麥啦，只見他斂起憊懶神色，目露精光，和主持人對答之中偶爾鬧些不純潔的笑話，偶爾拋幾句鄉土俚語。

他「哏哏於懷」，一個小時錄影中盡是結結實實的笑話。錄影結束了，但他的一天才剛開始，一個鐘頭後，六十九歲的老藝人趕赴電影《大囍臨門》記者會，和男主角李東學PK年菜。他夾著一塊東坡肉在鏡頭前晃啊晃的：「厚～這豬肉這軟Q，擱ㄟ跳倫巴，不過我生癌不能吃，吃了就HE勒（臺語死翹翹之意）了。」

《雞排英雄》、《大尾鱸鰻》、《大稻埕》……豬哥亮二〇〇九年「出國深造」歸來，二〇一一年起，一年一部賀歲片，部部破億，那彷彿紅白歌合戰之於日本，央視春晚之於中國，儼然成為臺灣人新的過年傳統。每年宣傳的電影各自不同，但談論話題極其類似：賭債、與謝金燕的心結……上次接受本刊專訪，他話說得絕決，「我不認了！因為以前不認我，現在我就不敢認了。我也不要再講了，我希望她孝順她媽媽。我很謝謝大家的關心，也謝謝大家照顧她。」

二期大腸癌

父女老死不相往的僵局像一檔拖了好幾年的鄉土劇，但二〇一五年也有新進度：他和第三個老婆生的女兒謝金晶相認，當選板橋鎮發宮主任委員，以及，罹患大腸癌二期。他精神抖擻面對鏡頭，但一轉身，脣色發白，講話會喘。我們上前握手致意，發現他的手是冰的，隔天，他因體力透支取消錄影。隔週正式採訪，他坐在我們面前談論大腸癌放棄治療，舉起手肘比擬大腸：「賀一航楊烈在上面，我抵最尾截，沒辦法治療啦，醫生把你那一塊（直腸）挖掉，要裝人工肛門欸，啊我若是去銀行領錢，碰到搶劫，伊把這個袋子搶去不是金淒慘，欸，都是黃金ㄟ。知道會生癌，錢就還卡慢一點。」老藝人總是把最悲哀的事當作笑魁。

渾身喜感從何而來？「天賜我一張嘴，呼我吃飯啦。我高雄左營人，細漢時陣愛講古，抵廟口遐跳來跳去，真早就知影自己親像小丑，不愛讀冊啦，國民學校四十八個學生，我攏考四十五名。我沒讀初中，抵厝鬥三工（臺語：幫忙）買菜，真早就要起來，菜一兩百斤，我也不愛。」某日，鎮上來了新劇團，巡演十天他連看三天，在戲院門口碰到男主角，拉著對方嚷著說要請客吃飯。飯桌上他說學逗唱，被逗樂的男主角邀他進劇團，隔天，他偷了身分證，跟著劇團跑了，流浪兩年後才被父親被抓回來。

十載避債主

他說到這，我打岔問資料讀到他逃兵是否屬實？他說無影啦，他有請假，只是軍營沒看到，當兵當到生蝨母也是乖乖當完。何時退伍他也忘記了，只記得三十一歲左營開服裝公司。賣什麼衫？「賣人穿的衣服啊，我不愛做生意，結果也倒了。」這一年，劇團夥伴在今日公司包場公演，找他演廖添丁旁邊的一個丑角，丑角插科打諢深受歡迎，他索性以丑角名字走跳江湖，而他渾然不知這個名字將徹底改變他的人生，豬哥亮。

他頂替費貞綾在藍寶石歌廳代班主持，剪馬桶蓋髮型，拿起麥克風，肩膀一聳，脖子一縮，「拎娘卡賀啊～～」整個舞臺都被他征服，輾轉錄歌廳秀錄影帶，「綜藝笑劇逐項會，全省找無第二個」，一代秀場天王就此誕生，更後來的事大家都知道了——他執迷六合彩簽賭，債臺高築。逃學逃家逃兵，這次，他逃避的是自己的人生，一逃就是十年。

他戒賭，但談論六合彩，像某些重病患者對特定食物忌口，但越禁忌越是懷念。每一個人在世間上都會有一個想法，他的是數字：小女兒呼吸的頻率，路上犁田捧車的車牌號碼，快樂建立在數字的執迷。知道採訪者不愛此道，他便拋出至理名言：「厚～你攏不知你一生少贏多少。」最多贏過多少？「一億四千萬。」但橫財如海嘯，來得快，去也快，最終連自己的綜藝江山一併沖走。

三十萬助友

「此遍出國深造呼我一個經驗，呼我看得清楚，哪個人是真心對我好，那些人只是用嘴巴在好」他說快不行的那一陣子，該求助的朋友都求助了，但他認為交情不錯的，反而都不理他。

不肯露面是怕被組頭碰到，萬一還不出錢會難堪，那幾年「就像藍波在叢林裡一樣」。他心中有一本帳本，恩怨記載歷歷分明，對他不好的，他正色說：「這我不講，批評人家不好，自己知道就好，不要來往就好。」

對於有恩他的，人事時地物交代清清楚楚：早年未走紅，老藝人徐風介紹他去臺中和臺南登臺；尚未拍錄影帶，高凌風邀他北上和他結盟，慧眼識豬哥。後來，江蕙聽到他房子被查封了，託人拿了一張五十萬元支票給他，幫他化去詐欺牢獄之災。他說復出後賭債要還，人情債更要還。徐風罹癌過世，他掏三十萬替他治喪；江蕙開演唱會，他帶十二個舞群，風風光光去幫忙站臺；高凌風過世後，他幫高家唯一孤子出唱片，「我做這些事，都要做得很漂亮，誰都擋不了我。」

兩千萬禮金

賭債好還，情債難了，尤其冤親債主更難了。人生若可重來，他最想回到五十歲，健康事業都很好，算算時間，他五十歲是一九九六年，他和第四任妻子葉瑞美結婚兩年，老來又得一子。兩年前，他與秀場相識的舞者葉瑞美在圓山飯店結婚，席開八十桌，國民黨祕書長許水德證婚，宋楚瑜、吳伯雄、王金平等政要到場，光是禮金就兩千萬。葉瑞美陪他站在人生巔峰，接下來就是一路下坡。一九九九年，他無力償還賭債，與妻子幼子人間蒸發。

「阮某尚艱苦，抵黃昏市場賣東西，每天一千、兩千塊呼我作所費，伊不敢放在桌上怕我歹勢，攏偷偷塞在衣服。你想那錢我甘開ㄟ落去？」十年喪志，他怕拖累母子，決定自殺。他跑去南投慈善宮與王爺公相辭。他早年在此慈善宮求明牌，神明沒開號碼，卻指示與他有親緣，若他能逃過十年這劫，注定就是祂的人。

他在神明前面埋怨：「王爺祢欠我，我來跟祢相辭，我死可以了吧？」他擲筊，兩陰杯，神明不讓他死，他哭了，「不死，我還有出頭天的日子嗎？」再擲，神明說是，他哭到鼻涕都流出來，因為太不可置信了，所以又問一次歌壇還需要我嗎？神明說是。他說自己心定了下來，「我抬頭看神明眼睛是紅的，我拜神拜到這樣，信祂信到這樣。」回去沒多久，他就在潮州吃黑輪被拍到，行蹤曝光。

生三女二男

老藝人採訪中給你眼淚，但也知道適時拉回主題，彷彿他才是那個主持的人。他說二〇一四年最開心的事是下半年拍《大囍臨門》，跟謝金晶相認。電影講他飾演的鄉下里長伯嫁女兒，他現實中三個女兒，有不往來的，有剛相認的，全還沒嫁，他在電影享受無緣的天倫之樂，一場林心如出嫁的戲，他流出劇本沒有交代的眼淚，為劇中人而流，也為自己。

不會想看女兒結婚？「想啊，怎麼不會想，」他說：「但她事業才起步，也不能勉強她。

不要勉強她。這個女兒很貼心，每天都會傳簡訊給我。我跟她說爸爸是怎樣的人，我走了，妳都了解，我不是殘忍的人，爸爸沒有做過很殘忍的人。」

他四段婚姻，育三女二男。謝金晶是第三任老婆所生，女兒七歲那年，他與妻子離婚，女兒跟媽媽走，父女從此二十年不相見。他二〇一三年底電視看到她在草屯駐唱新聞，透過友人聯繫，二〇一四年相約錄音室見面。知道女兒有意在歌壇發展，他和華視談條件，華視幫女兒拍連續劇，他幫華視開《豬哥天王秀》重新復出江湖，此時，正是他治療的黃金時期，開刀治療跟主持節目時間完全衝突，他選後者。

「三月我當振發宮主任委員，上一任的主任委員當了年餘，生癌也是沒有治療，刀開下去很奇蹟，癌百分之八十不見了，以前出國深造，這個宮有在給我救濟。我夠了，人生夠精采了。我預估自己再活一年。華視人家都不看的，我已經做到第一名了，可以了，這一年就賺一點錢，留一些給太太，給女兒舞臺，給大兒子培養孫子，讓他們知道最後阿公走留有一點點給你們，不會餓到。」他說自己戒賭了，但他還是在賭，和上蒼賭他一條命。

我們去華視探班，這一天他將從早上十點錄到晚上十點，一共五場錄影。空檔，我們見他手持著一個吃剩的便當盒，從化妝間走出倒菜渣，兩眼無神，他緩緩走回去，步履蹣跚，背影這樣的駝、這樣的老。半個小時之後，他再度走出化妝間，一身閃亮的西裝，恍若有光，工作人員一擁而上，一行人浩浩蕩蕩走進攝影棚。錄影了，五四三二一，開麥拉，他從容上臺，說：

「大家好，我是豬哥亮。」

——原文刊自《壹週刊》第七一七期（二〇一五年二月十九日）

照片提供：鏡週刊
攝影：楊兆元

憂鬱A片之王　加藤鷹（1959-）

從影二十六年，拍攝作品一萬五千部，與九千一百名女生上床。極樂座蓮、火車便當、修士傳教……加藤鷹踩著一具一具女人的軀體往上爬，登上日本AV皇帝的寶座。

然而A片之王何其憂鬱，他二〇一一年離婚，二〇一三年引退，至今除了為自己開設的性愛學校拍教學錄影帶，已無性生活。不做愛的他，憂心日本男人不看A片不做愛，影響國力，憂心AV女優工作不上心，不若學姐前輩們那樣敬業那樣淫蕩。他被問婚姻就生氣，訪談中，他雙腿張得很開很開，下體結實纍纍好大一包，憂鬱A片之王自豪的，願意讓我們看到的，也只有這一包了。

浴室裡，吹風機嘩啦啦地響著。我們站在門外，正透過翻譯詢問是否可進去拍攝男人梳化過程，「好討厭啊，怎麼都要拍呢，昨天拍得還不夠多嗎？」浴室傳來男人聲音。不諳日語，但那聲音裡的煩躁和不滿還是聽得出來的。僵持之下就順便觀察房間的輪廓：行李箱掀開，白色蛇皮皮鞋、亮片骷髏襯衫、粉紅色襯衫……五彩斑斕的衣物散落一地。茶几上擺著咖啡杯，裡頭盛著滿滿的菸蒂。床頭櫃擺一瓶男用香水，床單掀開一角，被褥和三顆枕頭丟在地上，雙人床上僅僅擱著一顆孤單的枕頭。A片裡，激烈的性交過後，往往以這樣一個凌亂旅館房間空景當終結。

男人走出來，大概知道鏡頭對準他了，滿臉是笑。他赤裸上身，在我們面前換針織衫。五十六歲的男人極瘦，體脂率目測可能都不到百分之十。工作人員迎上前詢問午餐吃什麼，「便利商店的飯團，鮭魚口味，酸梅的，都好，」他站在吧檯前沖泡咖啡：「三合一咖啡真是好東西啊，這種東西即使飯店都有，但出國還是隨身攜帶。」男人叨叨絮絮像是歐吉桑，腦海像新聞臺跑馬燈跑着那些加諸在他身上的種種封號：「A片皇帝」、「日本AV男優御三家」、「金手指」或者，連封號都可以省略，他的名字就足以解釋一切。加藤鷹。

御女逾九千

旅日作家劉黎兒說，日本賓館自動販賣機以加藤鷹之名販售的大補丸、營養液琳瑯滿目，男人臨上戰場時喝了，內心有「從現在開始我是加藤鷹」的感覺，比起營養裡微量的鹿茸，心理效果更大吧！他的名字太響亮，即便二〇一三年年底隱退，兩年了，至今仍有廠商捧著大筆銀子請他來臺灣賣壯陽食品。

訪問前，經紀公司再三提醒說不要在AV男優多做著墨，他已退役，如今在日本綜藝節目講兩性關係、推廣愛滋病防護、開設性愛諮詢學校，是一名傑出的性愛咨詢師。他不想面對過去，然而今日種種驚人的成就皆建立在過去之上：他從影二十六年來，拍攝作品一萬五千部，與九千一百名女生上過床。他說除了非洲女生，地球上的各色種族他都做過。石女、變性人、性愛依存症的，印象中他還碰過一個女優看到血會亢奮，性交時，工作人員在床上剁一隻雞，斷頭公雞在床上亂跳，雞血噴在女優臉上，整個人亢奮的不得了噢。孕婦也有，懷胎九個月的孕婦。我們啊了一聲，問這很危險吧？「這是製片的責任，不是我的。我只是負責做，Sex就是我的工作。」他抽了一口菸，徐徐吐出煙霧。

日本學者藤木TDC在《日本AV影像史》寫道，日本AV工業始於一九八一年發行的錄影帶《OL縫隙白皮書．成熟的祕園》，發展至今三十四年，加藤鷹從業二十六年，人生就是半部日本A片史。本名加藤正行的他出生秋田，年輕時在故鄉旅館當服務員，工作之餘也和朋友組樂團，有搖滾明星夢。後來工作沒了，樂團解散，從秋田來到東京，輾轉進AV公司，擔任攝影一職。有一次拍片因人手不足，劇組前輩要求他入鏡拍攝。第一次下海，他毫不膽怯，反倒有了想要通過做愛讓女性喜歡的念頭。

金手指密技

日本A片是拍給男人看的，A片最美麗的風景是女優，男優隨便找誰來幹都可以，地位等同於工作人員，而加藤鷹不然。極樂座蓮、火車便當、修士傳教……他踩著一具一具女人的軀體往上爬，變成性產業的皇帝。他說話時，我盯著他的手看，他的手指細長，指甲剪得很短，完全不留餘地，陷到肉裡去了，簡直看不出什麼特殊之處，但那手可厲害了，有日本綜藝節目曾要他以手指與電動按摩棒做高潮計時賽，只見他屈指十七度，徐徐進入女體，由慢而快，由淺而深，又捻又抹又鋤又鏟，攻擊一波接著一波女人不住呻吟，汩汩流出水液，電動按摩棒仍是不敵。近年有女優自爆潮吹乃下體裡面塞水球，做愛前灌水，潮吹的其實是尿。我質疑他，他口氣平和說：「別人或許是假的，但我是真的。」

A片皇帝對我們說千萬不要相信A片，AV九成都是假的，若把A片當教科書，永遠只會覺得自己的不夠。他話這樣說，自己卻出版《絕對讓她高潮》、《體貼性愛祕技》等教戰手冊教導男性讀者，抽插時有「三淺一深」、「全程深入」變奏，插入後就要發誓不拔出來。曾在《GQ雜誌》主持性愛信箱的小說家黃崇凱說，以前盜版書時代，加藤鷹的性愛祕技就在高中校園間流傳，他活耀業界的時間，正好是AV在第四臺、影像容易取得九〇年代後半，他是亞洲青春期男孩對性啟蒙的理想化身。

我們向他請益金手指祕技，以為他會傳授什麼奇技淫巧，但他卻說性愛譬如武士道，講的是心、技、體，要把心意放在第一位，之後才是技巧和體力，光強調技巧，但內心空虛，是無法長久。心意，心意，始終是心意。若非上下文，那嚴肅的神色，平和的口氣，光聽這段談話內容，太讓人以為那是日劇裡面某個壽司師傅或者陶藝家分享創作心得。

性愛武士道

他簡直是在肉身搏鬥中悟道的菩薩了，日本武士決鬥，往往得觀察對方神色、動靜，再拔刀。做愛也是一樣，要鍛鍊金手指，不如學會觀察女孩子的臉色，在床上懂得體貼女孩子才是王道。他在業界溫柔體貼是出了名，每次拍片費事帶二十條內褲到場挑選，襯女優內衣顏色。購物專家吳姿誼因為在上海臺北性玩具展與他多次合作，說他為人紳士，兩人合照，加藤鷹即便摟著她，手臂力道暗暗節制，並不伺機吃豆腐。

二〇一三年在引退記者會上，他招認拍片時，年齡少報了兩歲。認了年紀跟認老其實是兩回事，凸顯年紀大，其實是要證明自己還行，老了依舊硬挺。「在日本，如今大概只有我們這種歐吉桑還在努力做愛吧。」日本時下有所謂草食男，日本年輕男孩因生活壓力大不做愛，連看A片自慰都覺得麻煩。他憂心說：「日本步入高齡化社會，不做愛、不結婚，不生小孩，這對國家總體經濟影響很不好啊。」近看A片皇帝，皮光肉滑保養得宜，嘴唇薄而小巧，五官非常細緻，但嘴巴乾癟，周遭細小皺紋裂痕，已顯老態。但真正老態並非皮相，而是言論。A片皇帝居然把性和生殖綁在一塊，這太不對勁了。

日本經濟不景氣對A片工業也無影響，但二〇〇五年網路興盛，大家在網路上看免錢的，實體DVD銷售率掉了四成，A片產業元氣大傷。拍攝預算緊縮，菜鳥導演沒有自己想法，不懂拍得下流點，對演員還很壞，想喝罐可樂都要自己出錢，「A片明星啊，到我，到蒼井空，到武藤蘭，已經是最後一代了。」

淫蕩好女人

「現在的女孩子啊，只是幫男生打個手槍，或者在鏡頭前尿尿，就可以自稱女優了……。」他評點檯面上女優表現，口氣簡直是說教了：「她們沒有魄力和決心，跟以前的女優根本不能比。」那誰是他認為最敬業的女優呢？「豐丸，她的陰部好厲害。身材臉蛋並非一流，本人私底下也安安靜靜的，但上了床就變得好淫亂，也以自己的淫亂自豪，她的下體什麼寶特瓶啦、蘿蔔都塞得下去，我看大概只差沒有把西瓜放進去吧，但不管放什麼，她都可以擺出非常快樂的表情喔。」

和九千女孩上床，他悟出「淫蕩的女人才是好女人」道理：美女娶回家，結婚生子，看三天也會膩，反倒是醜女，床上被壓著扭動著或許也能發現可愛的神態，淫蕩是生活情趣，一種生命的熱情。淫蕩好女人，也可以是情感對象嗎？漫畫家秋元奈美將他的前半生畫成漫畫《鷹——擁抱5000人的男子》，書中他被初戀女友所傷，說「不再信任女人，現在想想，只有女性冷靜地看待世界，而男人總在傻傻地追逐夢想。」追問初戀，他淡淡地說不記得，只記得初體驗：「我十七歲，對方十五歲。喫茶店摟摟抱抱之後，找地方做，我沒什麼經驗，只能仰賴前輩們吹噓和謊言。前輩說當你衝破處女膜，會聽到啵一聲。但我插入的時候沒聽到，覺得很空虛。」

他在話題裡脫光自己，雙手卻緊緊遮掩心事。問他還有工作之外的性嗎？他說，這是最後一題了。因為不死心，隔日記者會又追問：「日本八卦說你與AV女優麻生早苗結婚育有一子，有沒有要澄清？」他臉色一沉：「我是結過婚，但不是跟她，一九九八年結婚，二〇一一年離婚，有三個小孩。你是怎麼一回事呢？為什麼你對別人的隱私這麼有興趣呢？問了好幾天一直問一直問。」他生氣了。

作品斷捨離

其實我們應該想到A片之王其實比誰都保守，訪談中，他對這世代充滿意見，男孩執迷於3C產品，而非34C的乳房，手指是拿來滑手機，而不是碰女人的。他嘮嘮叨叨抱怨，像個老頭子。他捍衛隱私，性和家庭分得清清楚楚，其實就和日本傳統男人沒有兩樣。不拍A片還做愛嗎？他說，家裡完全沒有一卷自己的錄影帶，隱退之後除了講學、拍攝教學錄影帶，他完全沒有性的念頭。

「問完啦？」他以這樣回答擋住我們的追問，坐在沙發上身體順勢往後一仰，雙手搭在沙發上。他雙腿張得很開很開，下體結實纍纍好大一包，五十六歲的歐吉桑是故意的，他不談隱私，他自豪的，願意讓我們看到的，也只有這一包了。

——原文刊自《壹週刊》第七四三期（二〇一五年八月二十日）

照片提供：鏡週刊
攝影：王漢順

老男孩 李安（1954-）

兩居奧斯卡最佳導演外加一居最佳外語片、兩居威尼斯金獅獎、兩居柏林金熊獎、五居金球獎……。李安成就太驚人，連外太空都有小行星以他命名，他是銀河最閃亮的星星，藝術殿堂或天文領域皆然。

新片《比利林恩的中場戰事》拿3D電影的規格來拍藝術片。傳統電影每秒二十四格，為追求更流暢清晰的畫質，詹姆斯柯麥隆還在考慮要用每秒六十格的技術拍《阿凡達》，李安一下子衝到3D，每秒一百二十格，4K最高規格，影史第一人。

年過花甲，還是男孩。那電影的視界，跟描述電影神態年輕飛揚的他，皆是我們前所未見，「大概在不懂的領域要需要熱情，那種努力跟年輕人很像吧！」他說種種科技的追求都是為了反璞歸真，回到男孩時代最初看黃梅調，看歌舞片，音樂一下，片頭一出來，心就會怦怦跳的快樂。

一九九一年，三十七歲的李安首度以《推手》入圍金馬獎，影壇菜鳥初來乍到，頒獎典禮前三天活動，傻里傻氣場場報到，坐大巴士跟中影代表團吃流水席，納悶其他導演都沒來，何以就他一個人？他在張靚蓓編著的自傳《十年一覺電影夢》中說：「那些菜真好吃，我一想到遠在美國的太太不能同享，心裡很難過。」當然，六十二歲的李安再返臺，已經不可能這樣無人聞問了。

Pi（π）是無理數，要怎麼拍才能讓它變成一個圓？

上週末，大導演返臺宣傳新片《比利林恩的中場戰事》，兩場公開活動熱鬧滾滾如王爺遶境，臺灣人孱弱民族自信心需要大導演加持。國際賽事屢獲大獎，李安致詞不忘用中文感謝鄉親。把好萊塢劇組拉到臺灣拍《少年Pi的奇幻漂流》，也推薦馬丁史柯西斯來臺拍《沉默》，殷切希望能在電影製作水準拉拔同胞一把。這次回臺講座上，有人問他世界影壇南征北討，到底哪裡人？「我是臺灣人啊。」他笑咪咪回答，口氣沒有遲疑。

馬不停蹄地亮相致詞，時差卻沒調過來，在臺北傍晚四點進行採訪，等於紐約凌晨四點，架燈光等拍照的空檔，他閉上眼，簡直是睡著了。拍少年Pi至今，四年過去了，他的頭髮更白，皺紋更深刻，也許是老了，也許是疲倦，他臉上的笑容虛弱得像隨時就會消失，但他啞著嗓子，仍打起精神為我們描述他在3D世界的奇幻漂流：「我拍少年Pi第一次接觸到3D，拍3D理由很奇怪，是哲學思考，我找不到我拍那本書的答案，Pi（π）是無理數，要怎麼拍才能讓它變成一個圓？一般思考沒有辦法。想說加上另一個Dimension（面向），來做3D好了。」

只要有想法，不管傻不傻氣，他都會盡力去做。這次新片，業界沒有這樣的技術，沒有資金挹注，他就關起門來，在自己的工作室摸索，「因為不懂電腦，所以可以不知民間疾苦一直要求，電腦不能做，就要廠商做新電腦，沒有放映機，就用美國國防部看模擬戰鬥機的工業放映機來改裝。」

拍四十七天，花一年三個月後製，問箇中滋味，他調皮地把臉遮起來：「想不起有什麼趣味了，好苦哇！」

魂在迷走，但我的樣子很可愛，大家都原諒我，包括太太、小孩。

金獎大導演講話擲地有聲，句句金玉良言，以為飽讀詩書，然而張靚蓓和紐約大學學妹劉怡君都說他平日不愛看書，學問皆非從書本而來，「對他而言，拍電影一本一本從書裡學習也太慢。不要問他珍奧斯丁，不要問他牛仔文化，不要問他張愛玲，拍片的當下，他會把自己身心靈都給進去了，很認真鑽研，但拍完就忘記了。」劉怡君曾擔任《囍宴》美術、《臥虎藏龍》和《色，戒》英文場記，她說：「Jane（李安的太太）都開玩笑說，大導演搞不好有

ADD（Attention deflict disorder，注意力缺失症）。」

向他求證，他尷尬地笑起來：「不是不喜歡看書，是專注力有問題。我上課不專心，大學考不好，因為常遊走出去。我想兩個原因，因為我投射很多，比較敏感，聯想力很強，我是很想讀書，但速度慢，樂趣很少。」

心不在焉的男孩直到上藝專，看了柏格曼，放映室的光芒打在銀幕，也照亮了他，自此，他活在電影裡，沒有別的人生。講座上，有人問他如果遇見三十五歲的自己，會對他說什麼？他幽幽地說：「我希望我在家庭裡的角色能夠再進步、再用心。我三十五歲時快拍片了，魂在迷走。但我的樣子很可愛，大家都原諒我，包括太太、小孩。」

有些東西我是永遠沒有打敗過的，比如說壓抑、父親，一直在變形。

劉怡君說李安總是可以喚出身邊人的母性，忍不住要照顧他。她回憶拍攝《囍宴》期間，工作人員在拍攝現場開派對，眾人聊天嬉鬧，唯有他，駝著背，皺著眉，背著人群抽著菸，「我那時只是一個大三的學生，還是個小孩，他（李安）大我十七歲，結果不知道為什麼，我就是想去拍拍他的背，喊導演加油。」是了，好事的人不免想到《色，戒》開鏡記者會，他衣服亂了，湯唯貼心幫他拉拉鍊，媒體見獵心喜，「拉鏈門、求上位」，什麼活色生香的標題都來，但那無非就是一個二十七歲的大姐姐照顧五十二歲的老男孩。

連日下來，老男孩受訪，手放膝蓋上，坐得挺挺的，像好學生。他言談謹慎而拘謹，「似乎」、「大概」、「可能」常掛嘴上，從來不把話說滿，但觀察他在奧斯卡典禮英文受訪，幽默風趣，又是另外的聲腔和神色。返回亞洲社會，頭上儒家禮教的金箍又緊縮，他不只一次說過父親的影響：「有些東西我是永遠沒有打敗過的，比如說壓抑、父親，一直在變形。」

一開始創作，覺得孝順很重要，所以拍《推手》等三部曲，演員郎雄成了他對父親孺慕敬畏糾纏情緒的投射。二〇〇四年，父親在他拍《斷背山》期間過世，他在片尾將電影獻給父親。越過斷背山之後，他的創作開始另外一個漂流。從《色，戒》的王力宏、少年Pi、到新片荷爾蒙滿到喉頭的十九歲大兵，他的觀點變成男孩的觀點，「我可能在彌補我年輕的時候沒有做的事情，因為年輕的時候我很乖，叛逆的感覺我到四十五歲之前都沒有。也可能（以前）壓抑的東西，我現在要彌補……。」他苦笑兩聲：「我自己也不想去問自己這個問題。」

悲傷過後，就是很乾淨的感覺。

說不要苦苦追問，但停頓一下，他又補充起來：「對，我不曉得為什麼就停在十幾二十歲出頭，最近我發現在Coming of Age（成年）這段時間，我進了藝專，生命改變，世界不一樣了，離開家到臺北去讀書，這個轉折對我來講是很大的刺激，所以我一直用這個年紀去想純真是怎樣的。」

提到父親，他平靜地說：「我還是會（在創作）描述父親，可是壓力沒有了。我父親走了以後，我比較開始會相信人有靈魂，我覺得他真的到另外的世界，到下輩子去了。父子這輩子的緣分裡，掙扎、牽扯很多，所以我一直在拍片。可是他走的時候，我覺得很安靜，糾纏到這輩子，OK了，就過去了，他再沒出現在我的夢中。當然他走了我很悲傷，悲傷過後，就是很乾淨的感覺。現在再拍父親，我沒有那個糾葛。」

某種程度你也自由了嗎？「也是吧。」

不再糾葛的老男孩眼前自有一片新天地。華人世界裡，人們苦苦追問他的身分認同，但在電影的天地，他追求放諸四海皆準，人類情感最大公約數。拍《臥虎藏龍》和《色，戒》讓外國人懂得武俠片，他善於拆解電影類型，這一回也打破3D電影和藝術片的界線。目前戲院放映機標準規格是每秒播放二十四格畫面，然而新片每秒一百二十格，4K解析度、3D規格，地球上僅有四家電影院可以支援，臺灣的威秀影城是其中之一，「我好驕傲鄉親可以看到，這個電影在紐約播放的螢幕還是在臺南設計製造的。」

談論科技理性，訴諸的卻是藝術人文的感性。電影是他的上帝，是宗教，是信仰，電影每秒二十四格是天堂的欄杆，追求更高的格式，無非是把天堂樂園的籬笆往外擴張，「大家以為3D是拿來拍場面、拍動作，錯了，3D最大的長處是拍臉，人生最寶貴的交流是閱讀彼此的臉，那個高規格的閱讀方式和我們的眼睛很像，3D看到臉的細節比任何大場面都大，細節就是演員的氣色，眼睛裡的神采、思想，觀眾都可以感受得到。」

我們在訪問前看了十一分鐘的特映，「2K 3D 60 fps」只是「4K 3D 120 fps」的十六分之一，然而畫面中美國大兵美式足球場授動的高潮戲，球場與戰場交錯，煙火與戰火齊發，彈殼、軍服布料的紋理、煙硝、男孩面部肌肉因恐懼而微微牽動……。種種細節，歷歷在目，太清晰，太明亮，人類觀影經驗，由旁觀到介入，至此，電影史又翻了一頁。

終極版本至今只有他和紐約影展主席看過，他用「驚動」描述看完電影之後的感受，「朝思夜想的東西看到了，從頭演到尾，看完沒辦法平復，沒辦法睡覺。」口氣疲憊的他提高說話速度，那電影，跟描述那電影神采飛揚的他都是我們前所未見的。說他越來越年輕了，他說：「在不懂的領域需要熱情，可能那種努力跟年輕人很像吧。」

我希望我永遠是電影系的學生，世界就是我的學校。

語畢，大概頭上拘謹謹慎的金箍又一縮，他又補充：「我年紀也不小了，也不能假裝年輕，故作無知，拍電影要純真沒辦法了，電影技術進步是為了回到原點，可以回到天真，願意再去相信一個故事。」商業雜誌整理他的對談，找出可以勵志的格言佳句，但那動機單純到就是一個年過六旬導演追求最初看電影的悸動，追求看黃梅調，看美國歌舞片，那個電影片廠Logo一出現，心就會怦怦跳的那個感動。

年過花甲，還是男孩，「我希望我永遠是電影系的學生，世界就是我的學校。」講座被問如何看待自己，他這樣回答，當然，謹慎先生不忘補充：「有時候盛名之累，也很難假裝學生的樣子，我的樣子也不像學生了，一個人到老年的時候，還要學習怎麼當老人。」六十二歲的國際大導演回臺，和三十七歲得金馬獎的神態當然是不同的，頭髮更白了，談吐更睿智了，但他心內仍然是個男孩，樸素和純真，二十五年過去了，其實也沒什麼不同。

——原文刊自《鏡週刊》第一期（二〇一六年十月五日）

照片提供：鏡週刊
攝影：王漢順

最好的時光　侯孝賢（1947-）

一九八二年，中影相繼啟用楊德昌、侯孝賢等人合拍《光陰的故事》、《兒子的大玩偶》，開創臺灣新電影新紀元。當年電影人在彼此的電影相互客串，情義相挺，於是有了你幫我做《風櫃來的人》配樂，我幫你演《青梅竹馬》的佳話。楊德昌拍片的錢燒光了，侯孝賢岳母給他三百萬元要他在天母買一個店面，他左手拿到錢，右手就給了楊德昌拍片。

然見證電影人情誼的片子上映四天就下片，隔了三十三年重看，鋒芒四射，只能嘆才子領先時代，走得太前面。《青梅竹馬》修復重新上映，新科技還原了膠捲裡的溫暖光影，但隨著楊德昌過世，電影外的現世早已人事全非了。

咖啡館櫥窗外，天色暗了，電影《一一》燈箱海報亮起來了。二〇〇〇年，楊德昌因《一一》獲坎城影展最佳導演，卻因不滿當時電影發行環境惡劣，拒絕讓電影在臺上映，片子靠著零星影展和盜版DVD的流通，成了影迷心目中的神作。十七年後，發行商取得版權，將神作與修復過的《海灘的一天》、《青梅竹馬》包裝成楊德昌影展。坐在我們面前稀哩呼嚕吃著咖哩飯的，正是《青梅竹馬》男主角侯孝賢，七十歲重看三十七歲拍的電影不免感慨，「看完會想到當年，從認識他到他離開，前塵往事都回來，很傷感。」

情義力挺 相互客串

侯導口中的當年是一九八二年。其時，三廳電影、社會寫實等票房萬靈丹都失效，當時拍片的龍頭中央電影公司遂找了楊德昌、柯一正等導演合拍《光陰的故事》，因賣座不俗，隔年又找侯孝賢拍《兒子大玩偶》，新人新氣象，開創了臺灣新電影的紀元，當年，侯孝賢《風櫃來的人》、楊德昌《海灘的一天》趕報金馬獎，同時在中影做後製，有一晚兩人在錄音間門口聊天，侯孝賢對楊德昌說：「如果我先看了你的《海灘》，《風櫃來的人》會拍得更好。」楊德昌眼睛瞇瞇笑成一條線，嘴上也沒說什麼，但心裡卻決定這個朋友交定了……。

為我們追憶往事的是朱天文，她是侯孝賢三十年來工作的好搭檔，當年亦是《青梅竹馬》的編劇。訪談中，國際大導演言簡意賅，譬如我們問何以楊德昌要找他拍片？「沒有為什麼，兩個認識啊，聊電影很麻吉啊。」一句話就把訪問堵死，往往是朱天文把話攬過來，為我們解圍：「拍完《海灘的一天》，一群人聚在楊德昌濟南路家中講故事，一塊黑板寫滿要拍的計畫，其實我們新電影早年都是拍朋友之間的故事，聽你講、聽我講、聽他講，然後總合起來，我跟他講了張愛玲《色，戒》的故事，楊德昌聽完眼睛一亮，說要拍一個暗殺的故事，當年去上海不可能，說要拉拔到東歐去取景。《青梅竹馬》也是當中的一個案子，他看到覺得眼前這個人（侯孝賢）很適合，劇本有一半是根據他塑造出來的。」

買屋預算　義助麻吉

有了男主角，卻遍尋不著女主角，楊德昌甚至把腦筋動到林青霞身上，最後不了了之，因為蔡琴與朱天文的妹妹朱天心是小學同學，侯孝賢就向楊德昌推薦了蔡琴，朱天心在《三十三年夢》補充了這段往事，「第一次見面二男約在錄音間外候著，蔡琴那時候正在錄《最後一夜》專輯的某一首吧，楊德昌聆聽片刻，伏下身去埋首於雙掌，半天抬起頭對侯子（侯孝賢）動容地說：『好性感啊……。』。」

「楊德昌因為這部電影與蔡琴相戀、結婚，但蔡琴卻開玩笑地說，侯孝賢和楊德昌天天碰面，天天講電影，才是談戀愛的人。」朱天文笑言：「這是性格上的互補，他們在彼此身上看自己沒有的部分，然後被強烈吸引，所以拍《青梅竹馬》片商那一點點錢沒有了，他（侯孝賢）不找錢誰找錢啊。」朱天文解釋侯孝賢何以跳下來擔任這部片監製的經過，岳母給他三百萬元要他在天母買一個店面，他左手拿到錢，右手就給了楊德昌拍電影了，仗義疏財，戲裡戲外都是。

少年侯孝賢去幫別人打架，本來要去要債，看人家比他窮，錢也不要，楊德昌聽了侯孝賢的故事，於是讓這個麻吉演大稻埕一個重情重義的布莊老闆，男人變賣了房子要移民美國，女友爸爸欠了債務，毫不猶豫地把錢借出去，渾然天成的演技讓他第一次演戲就入圍金馬獎，且以一票之差輸給了《等待黎明》的周潤發。

《青梅竹馬》英文片名「Taipei Story」，楊德昌藉著蔡琴與侯孝賢飾演情侶，講臺北的興起造成戀人的分合聚散，理性而客觀剖析中產階級的內心風景，呼應《海灘的一天》、《恐怖分子》、《一一》，彷彿成了他創作的簽名檔，然而侯孝賢的介入，卻讓這部電影較其他楊德昌作品，多了一點點江湖與草莽，某些段落更像是《戀戀風塵》的溫暖與懷舊。除了侯孝賢，演出陣容有吳念真、柯一正，甚至裡面的小朋友都是侯孝賢、吳念真的孩子。那彷彿變成了早期臺灣新電影的傳統了：你幫我演《青梅竹馬》、我幫你做《風櫃來的人》的配樂和演《冬冬的假期》，所謂時代的風起雲湧，其實只是幾個人單純美好的友誼。

電影宣言　終結時代

然而見證電影人最好時光的片子僅僅演四天就下片，侯孝賢淡淡地說：「電影走得太前面了，一般人沒法看。」朱天文接著補充：「《青梅竹馬》片名會讓大家以為是浪漫的故事，沒想到太冷，太絕望了，跟他們得到的訊息不一樣。隔了三十年再看，發現他的設計是如此精準，現實感如此強烈，更讚嘆於他的敏感和眼光。」

楊德昌可會因片子不賣受影響？「沒怎麼聽到談起這件事。」侯孝賢說：「海外影展邀約不斷，他也因為這個片子和蔡琴結婚了，還是很鬥志昂揚，下來就拍了《恐怖分子》了，你看《恐怖分子》拍得多厲害！」一九八六年，楊德昌、侯孝賢分別完成《恐怖分子》與《戀戀風塵》，然而市場越來越壞，新電影導演拍片環境越來越惡劣，楊德昌四十歲生日一群人聚在他家中，在搖滾樂與古典音樂間，與會者的吆喝乾杯聲中，有人倡議發表一份〈臺灣電影宣言〉，該宣言由侯孝賢、楊德昌、吳念真、柯一正等五十位新電影工作者和文化人草擬，並發表於同年一月二十四日的《中國時報》人間副刊上。

也是連署人的詹宏志在《再見楊德昌》一書中告訴作者王昀燕說，每個人立場不同，有人無關痛癢，有人擔心變成黑名單，擔心中影不找他們拍片了，「在這文章之前，大家都是朋友，文章出來之後，新電影的陣營就有點四分五裂了，楊德昌稱此為The Beginning of the End（一個結束的開始）。」

兄弟上山，各自努力，一九八九年，侯孝賢完成了《悲情城市》，搶先好麻吉一步，拿下威尼斯金獅獎，三年後，楊德昌亦拍了不遑多讓的《牯嶺街少年殺人事件》，然而兩人已漸行漸遠，私下已無往來。問侯孝賢何以事已至此，他回答：「事情很難說得清楚，你們也很難聽得明白。」我們趁侯孝賢出席《青梅竹馬》首映活動偷偷問朱天文，說朱天心在《三十三年夢》提及當時楊德昌覺得文化圈較挺侯孝賢，略有微詞，是否這樣被外界放大了瑜亮情節？

舊作重映　人事全非

「那是一個比較簡單的說法，但那樣說也沒錯。」她說相較於楊德昌西方邏輯思維，侯孝賢學徒出身，臺灣土法煉鋼出來的，沒有章法，完全靠直覺的，西方影展人沒看過那樣的東西，自然青睞，「但這次重看楊德昌會非常感慨，他明明這麼優秀，但真的是……真的是……真的是……身邊有個侯孝賢，以國外影展來講，楊確實被低估，他也覺得自己不得志 一直到二〇〇〇年，《一一》得到坎城影展最佳導演，還他一個公道。」

二〇〇一年，楊德昌擔任坎城影展評審，力薦以《千禧曼波》及《你那邊幾點》入圍的臺灣錄音師杜篤之獲最佳技術獎，朱天文說她在影展再見楊德昌，「我們許久不來往，時間久到我看到他都必須重新自我介紹，說『您好，我是天文』，但我看他敞開雙臂，就知道我是多心了……。」二〇〇二年，光點臺北成立，主事者侯孝賢力邀楊德昌回臺播放《一一》，兩人再度聚首，開心合影。時間還給楊德昌公道，給他名實相符的評價，而影中人最好的時光已經一去不復返了。

科技修復了電影，還原《青梅竹馬》片中溫暖而美好光影，但電影外的人事卻已全非。一九九三年，楊德昌因與彭鎧立的外遇，被記者追問跟蔡琴的婚姻，回答：「十年感情，一片空白。」當事者從挫敗的婚姻爬起來，女方變成兩岸三地的金嗓歌后，男方另有婚姻和小孩，套句侯孝賢的話，「他變得很鬆、很柔和，變成很溫暖的人。」一切是是非非都隨著楊德昌二〇〇七年，因結腸癌病逝美國洛杉磯比佛利山莊家中而停止。據彭鎧立對楊德昌友人張毅透露，楊德昌最後的時光念茲在茲還是動畫新片《小朋友》，臨終前手裡還握著畫筆。

人事錯遷，但是我們眼前也有侯孝賢、朱天文，導演與編劇維持了三十四年的好默契，那訪談往往一個人開了一個頭，另外一個接下去，似乎連呼吸都一致，問朱天文可會知道這樣的結果？「沒啊。至少我沒有啊。第一個作品《小畢的故事》被陳坤厚、侯孝賢改編，當時跟他們約在明星咖啡店談版權，還穿線衫、高跟鞋，故意裝得很老練赴約，因為那時候對電影圈印象很差，想說都是男盜女娼，沒想到來的人很年輕，一聊才知道電影界也看書的。」朱天文哈哈笑了起來，本以為她是王菲一樣的低調自持，誰知來了一個爽朗的那英。

人生七十　猶扮年輕

朱天文口中的年輕人不復《青梅竹馬》的茂密黑髮，而是白髮平頭，他今年七十歲，問他可知自己馬上就要追上七十六歲的李天祿拍《戀戀風塵》阿公的年紀？「真的嗎？」他略略吃驚，但隨即老神在在地說：「但我有運動，對事物的好奇心還在，腦子比較不會老，講難聽一點就假年輕啦。」他得意洋洋地說《聶隱娘》上映觀眾歡呼成一團，也有外商看了電影，要他拍ＨＢＯ或Netflix那種八集、十集的電視電影，語畢，「但問題是你動作很慢啊！」旁邊的朱天文哀嚎著，隨即又戀戀不捨地說：「邀約若早十年來不知道有多好，十年前他很快的，任何題材抓一抓就有了，現在他好慢喔。」

——原文刊自《鏡週刊》第四十三期（二〇一七年七月二十六日）

照片提供：鏡週刊
攝影：楊子磊

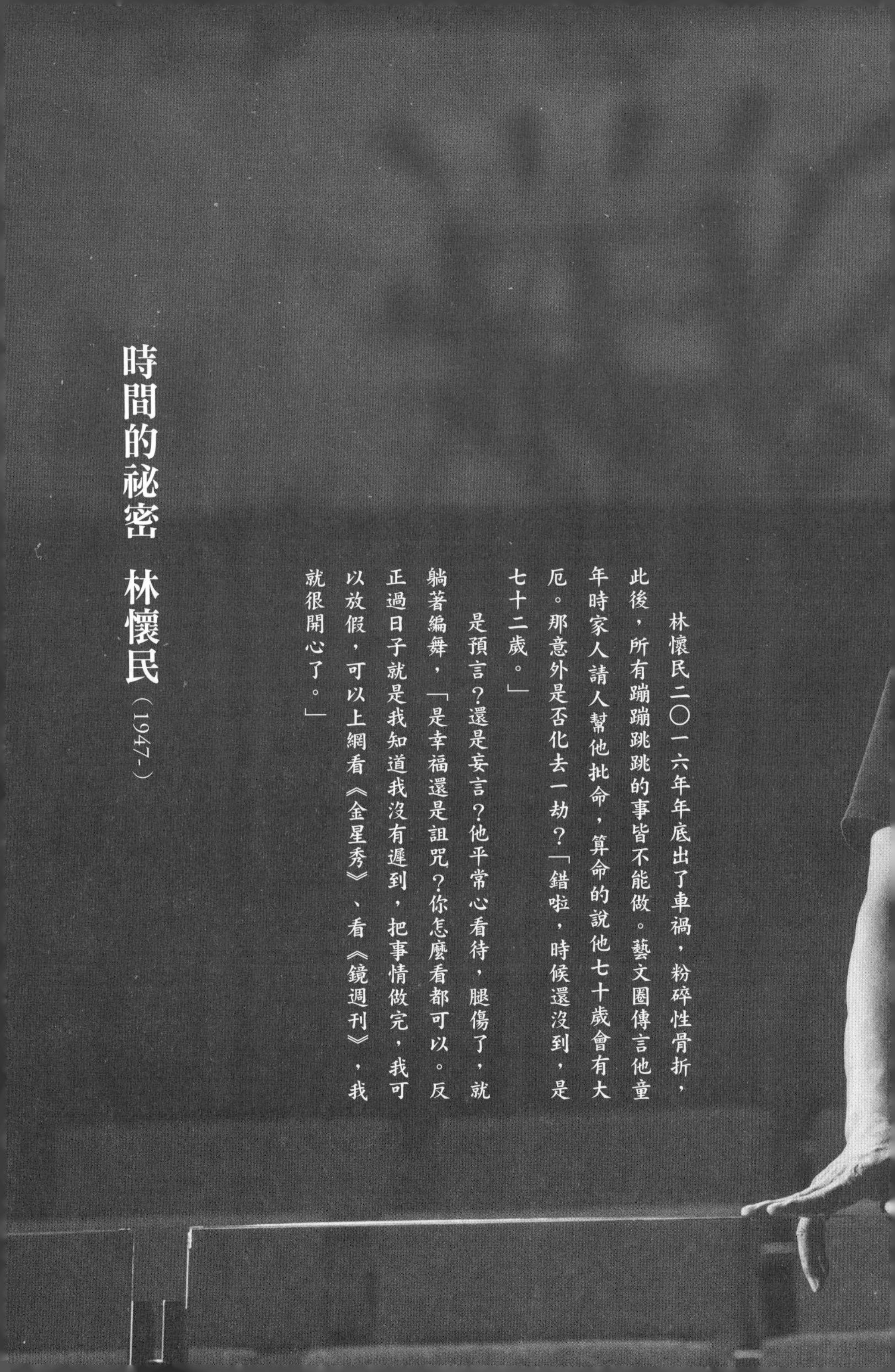

時間的祕密

林懷民（1947-）

林懷民二〇一六年年底出了車禍，粉碎性骨折，此後，所有蹦蹦跳跳的事皆不能做。藝文圈傳言他童年時家人請人幫他批命，算命的說他七十歲會有大厄。那意外是否化去一劫？「錯啦，時候還沒到，是七十二歲。」

是預言？還是妄言？他平常心看待，腿傷了，就躺著編舞，「是幸福還是詛咒？你怎麼看都可以。反正過日子就是我知道我沒有遲到，把事情做完，我可以放假，可以上網看《金星秀》、看《鏡週刊》，我就很開心了。」

林懷民說要有光，就有了光。

光束投放舞臺上，方塊字紛紛落下，如暴雨，如落石。舞者在光影之中翻滾、跳躍和奔跑，方塊字從有意義到無意義，從文字到圖像，2D的影像與3D的舞蹈，空間層層疊疊，虛虛實實，如夢幻泡影，如露亦如電。

《關於島嶼》全球首演前七十九天，林懷民與舞團在淡水雲門劇場排練，「現在舞臺上這群舞者是烏合之眾，我不要他們的臉太清楚，剛剛那個太光明，太像童子軍露營了。」他坐在暗處下達指令，語調果斷而明確，在劇場的宇宙裡，這個七十歲的男人是絕對的造物主。

舞者退場，造物主要技術人員調出某段投影，指示投放轉速要稍微快些，他身邊坐著一個娃娃臉年輕人抗辯著：「那樣留白和呼吸就沒有了！」娃娃臉是日前以《你找什麼》入圍金馬獎紀錄片的周東彥，他是該舞作的影像設計。我在一旁聽著，不禁為他捏了一把冷汗，「你不知道你旁邊這位先生在排演場上……很凶嗎？」

我現在在雲門就做種樹跟養孩子兩件事。

林懷民爆烈脾氣和優雅舞作一樣出名，早年，有一次他進排演場，見舞者暖身不足，大怒：「你們既然這麼不愛惜自己的身體，那我也不要愛惜自己的身體了！」語畢，拳頭往玻璃桌一摀，血流如注，眾人連忙上前止血，他還要繼續罵，罵完，一個人攔計程車去醫院。後來雲門舞者開會決定劇場禁菸，但林老師除外，因為林老師抽菸，大家就少挨罵。

他菸癮極大，一天至少一包菸，彩排中場休息，我們陪他到戶外抽菸聊天，舞臺造物主一放風，親切如歐吉桑，他稱自己是《鏡週刊》忠實讀者，採訪當日恰巧白凜報導見刊，他好奇追問內幕，又問我們看了楊德昌《一一》沒有，說電影好看得不得了啊！一旁有民眾認出是他，前來合照，他笑咪咪地推辭：「歹勢，今日沒化妝捏。」

二〇〇八年，八里排練場大火，雲門獲來自老百姓與企業逾四千筆捐款，共計三億七千七百三十八萬元，支持舞團重建新家，堪稱華人世界有史以來，民間對非營利文化事業最大的投資。二〇一五年，雲門新家在淡水落成，他知道我們是第一次來，興奮地帶我們指認周遭花草樹木，說將來要在屋簷上種爬藤植物，「我現在在雲門就做種樹跟養孩子兩件事。」

除了周東彥，《關於島嶼》服裝設計是詹朴，吟唱是二〇一七年以《椏幹》獲金曲年度專輯的桑布伊，皆為臺灣新一代創作者，他說是「老人家歇歇腿，讓年輕人站起來」。我們問他剛剛跟周東彥講話怎麼有點哄的意思，怎麼改了脾氣？「我沒有哄他，我只是溫和跟他講話。年紀大了，當然喜歡有才氣、聰明的小朋友。」他說：「雲門是臺灣第一個職業團體，至今還是臺灣唯一的全職舞團，證明臺灣不容易長東西，我得把這個地方拿出來，讓年輕人有舞臺。」

講到臺灣近況，親切的歐吉桑板起面孔，憂慮得不得了：「以前我覺得我們可以改變，今天不知道怎麼辦才好，好不容易努力了半天，但雄三飛彈會誤發、八一五會全國停電，這個不應該發生啊！我始終覺得那個小孩在玩電動，誤觸開砲鍵的人後來怎麼了？你們去追啊！你們週刊不是很會嗎？」

你不知影做臺灣郎的長子長孫壓力有多大。

滴答滴答，時間不站在臺灣這邊了，他憂心忡忡。翻閱舊日訪問，十年前、二十年前、三十年前，舞蹈造物主永遠在發愁，憂慮已然變成他的生命基調，於是不免要問他會覺得名字是一個咒語嗎？懷民、懷民，做人始終懷國憂民？他用臺灣話回答：「你不知影做臺灣郎的長子長孫壓力有多大。」父親林金生是首任嘉義縣長，亦當過交通和內政部長、考試院副院長，他說自幼父親便灌輸他是大哥要照顧弟弟妹妹，老家門口有一盞路燈，每晚有一個中學生站街燈下讀書，「我爸爸看我老是不順眼，說別人的後生抵遐讀冊，後擺這款的囝仔是你要照顧欸。我聽了起肖，我才國中欸。」

他五歲看電影《紅菱豔》愛上跳舞，十四歲寫小說，投稿領到第一筆稿費，立刻拿去報名學跳舞，「我喜歡跳舞和寫作，平常住校，天高皇帝遠，倒也相安無事，最痛苦是寒暑假，我天天在家寫小說，父親回來了，我家歐巴桑會通風報信說你爸回來了，我會把抽屜打開，稿紙嘩啦嘩啦滑進去，把數學課本拿起來。我父親不是反對跳舞和寫作，而是跟臺大牴觸的都不可以。」

書香世家的長子長孫出國學跳舞，穿緊身衣在大庭廣眾下獻藝，來自家庭的壓力應該很大吧？他說得雲淡風輕，說：「至少爸爸媽媽後來很高興。」他跟著雲門世界各處流浪，至今仍帶著爸爸媽媽的照片，下榻旅館第一件事即是找地方把照片擺好。

我們要下鄉，要演給老百姓，服務社會，服務基層。

年輕藝術家創辦舞團是何等浪漫的事，但從這個政治人物的長男嘴巴說起來，卻像是選舉政見發表，「二十六歲成立雲門，我們要下鄉，我們要演給老百姓，服務社會、服務基層。」二十三歲學跳現代舞，深知自己完全沒希望，單純只是想把一群愛跳舞的舞者們兜起來，成為一個團體，兩、三年後自己就可以交棒，讓他們去編，時間滴答滴答走著，結果他一做就是四十四年。

翻閱舊日訪問，他從創立雲門第三年就喊著要交棒，鄭淑姬、吳興國、羅曼菲、伍國柱、布拉瑞揚、許芳宜，舞者來來去去，他卻還在第一線。早年，他與舞者年紀相去不遠，是大哥哥帶弟弟妹妹跳舞，隨後變成叔叔帶姪子，至今那年紀的差距已經是爺爺帶孫子了，可會覺得感慨？「老了，比較累了，罵人都需要精力的。」他淡然回答：「以前是什麼人做不好，我飛槍就飛過去了，但知道事情不是這樣運作的，今天什麼人做不好，我可能三天後會問他最近好嗎？因為平時一個好好的人突然跳不好，不是心情不好，就是身體不好。所以我一天到晚問他們還好嗎？」

這是真的，雲門舞者誰父親身體有病痛，誰的女兒今年上小學，每天哭著不肯去學校，他記得清清楚楚。周東彥說每次開會前後，林老師總會問他愛情有著落沒有，愛情萬歲了沒有？

編舞家一天到晚對舞者噓寒問暖，但自己並不怎麼好。二〇一六年冬天，他在紅樹林捷運站外發生車禍，粉碎性骨折，「十二月十八日，黃昏，那時候已經很黑了，我要很努力地看，看有沒有車子過來，但我走三步就被幹掉了。我不好，我是黑色的衣服，他也不好，他是黑色的休旅車，他沒有開燈。我恨我自己這麼小心，幹麼站在那裡多看兩、三分，如果看到斑馬線，直接走過就沒事了。」他啞著菸嗓回答：「我的膝蓋和脛骨都斷了，腳天天痛著。我不能跪，也不能做弓箭步，蹦來蹦去的事情都不能做了，我的狀況學名是粉碎性骨折，但醫生說我這是粉末性骨折。」

我抽菸就是不想待在那裡，想到另外的地方去。

雲門周遭的工作人員問了一輪，都說林老師已經跳脫宇宙運行，永遠不生病，永遠不喊累，但車禍後已有疲態，我們隨他在園區走動，見他步履蹣跚，原來舞蹈造物主只是肉身凡胎，也會老，也會累。

藝文圈傳聞，林懷民父親請人幫他批命，說他七十歲有大厄。問莫非車禍化去一劫？「錯啦。」以為他要否認傳言怪力亂神，誰知他話鋒一轉，說幫他批命的並非父親，而是婆媽一類的女性長輩，「時候還沒到，是七十二歲。」預言還不止一個：一九八九年他去印度菩提迦耶，隨手布施零錢給行乞之人，這人帶他去見一上師，上師預言他日後會很有名。他說我已經很有名啦！但上師搖頭說，他日後成就不僅於此。上師猜中他半生風光，但也埋下七十二歲劫難的伏筆。

是江湖術士的妄言？還是宇宙神祕力量？滴答滴答，時間即將揭開它的祕密，但他處之泰然，「命運說我幾歲要死，我一定說好，不會說No。」他回答這一題，完全沒有遲疑：「如果早走也沒有不好，只要不要走到要麻煩別人做這個、做那個，就好了。」時間分分秒秒流逝，編舞家只擔心事情做不完，三天後，他將去中國為《稻禾》巡演做宣傳，整個十月，他們會如同流浪戲班在北京、上海獻藝，回來隔一週就進國家戲劇院為《關於島嶼》做準備，臺灣演完，換海外巡演，地球繞一圈回來，明年又過了一半了。

看似哪裡都去了，但也什麼地方都沒去，「出國老是在講自己，一個《稻禾》講一萬遍。」說著說著抽起菸來，「我一直都很無聊。別人問我抽菸，我說我抽菸的時候就是不想待在那裡，想到另外的地方去。」是的，我們的問題太無聊了，他想結束訪問了，只好勸他休息。

一九八九年雲門中場休息，他去紐約、去印度、去峇里島，回來創作了《流浪者之歌》、《九歌》，多好！「應該要吧，但我腿壞了，怎麼Take a break呢？我希望可以去北海道看丹頂鶴、想回印度，但轉念想，不去也無所謂。我只想待在家。」你相信旅行的力量，創「流浪者計畫」鼓勵年輕人出走，但你哪裡都去不了……。聽我們這樣說，他恨恨地說了聲：「媽的。」

話題繞到一個悲慘的境界，不如聊聊世上還有什麼能讓你快樂的？「沒有欸……。」他岔開話題，講著講著他又跳回來，喜孜孜地說：「突然間沒有行程，我會很快樂，我會打電話問真的沒事嗎？把事情做完開心，能到7-11很開心，我兩、三個月才能去一次，去買菸，買一瓶小飲料。做跟平常不一樣的事。」

我信用卡還小心翼翼對了三次，深怕弄錯。

他說最近最快樂的事，是舞團佛堂需要供桌，他學會上網Google，在桃園買了二手桌子，得意得不得了，「我信用卡還小心翼翼對了三次，深怕弄錯。」

輝煌的成就把他壓得動彈不得，故而平板電腦變成是他面對世界的唯一一扇窗，「我們出去巡演好幾個月，以前我都會帶書出去晚上看，現在我都是帶iPad，在YouTube看長片，看《瑯琊榜》、看韓劇《偽裝者》、《信號》，好好看喔。」他說自己從不失眠，躺下去轟一聲就睡著，人生最大的問題是不肯早睡，疲倦的男人講到學會的新把戲，臉上總算流露了少年的神采，生命的預言對他不成問題，「是幸福還是詛咒？你怎麼看都可以。反正過日子就是我知道我沒有遲到，把事情做完，我可以放假，可以上網看《金星秀》、看《鏡週刊》，我就很開心了。」

——原文刊自《鏡週刊》第五十八期（二〇一七年十一月八日）

照片提供：鏡週刊
攝影：林俊耀

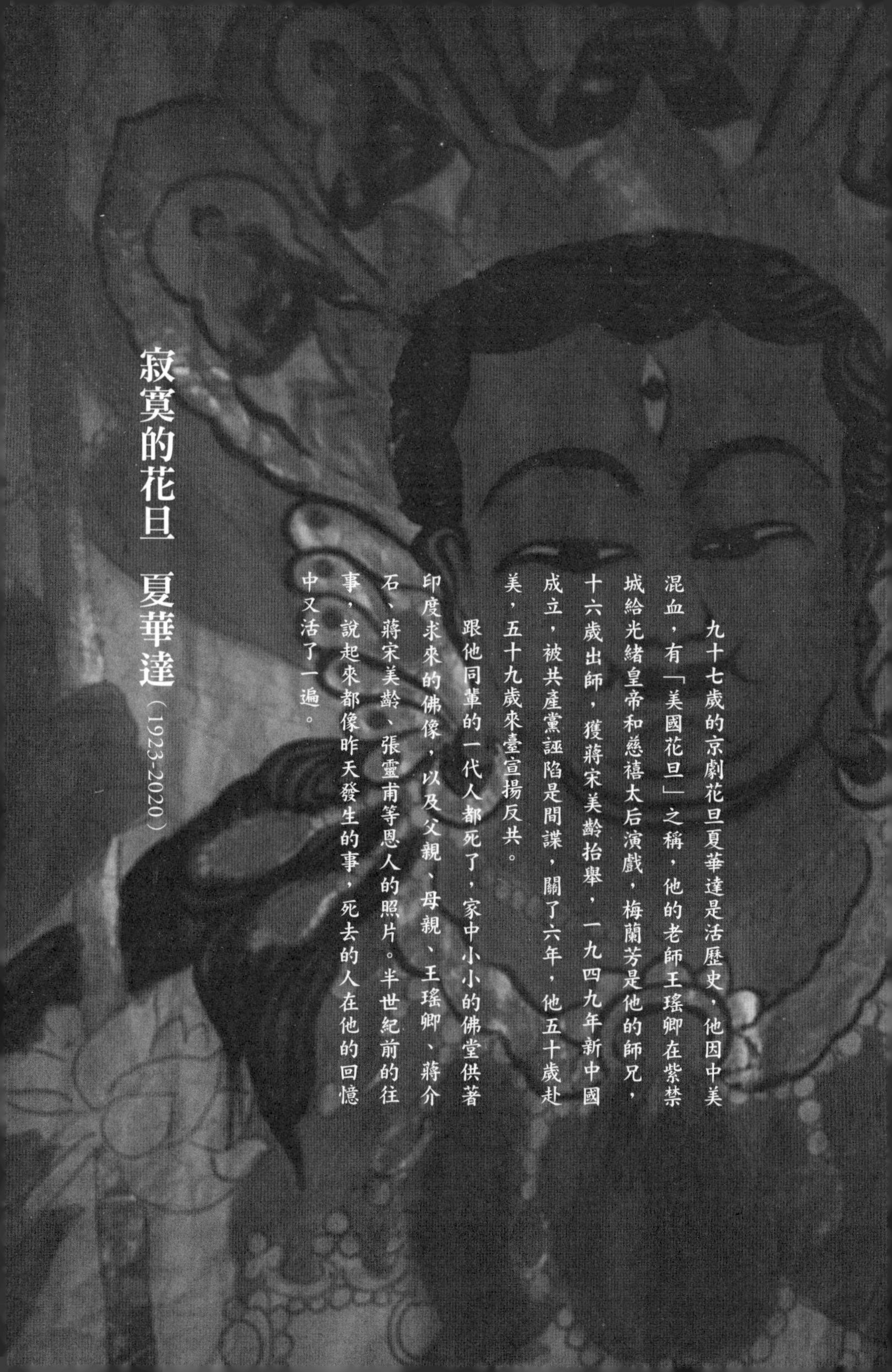

寂寞的花旦　夏華達（1923-2020）

九十七歲的京劇花旦夏華達是活歷史，他因中美混血，有「美國花旦」之稱，他的老師王瑤卿在紫禁城給光緒皇帝和慈禧太后演戲，梅蘭芳是他的師兄，十六歲出師，獲蔣宋美齡抬舉，一九四九年新中國成立，被共產黨誣陷是間諜，關了六年，他五十歲赴美，五十九歲來臺宣揚反共。

跟他同輩的一代人都死了，家中小小的佛堂供著印度求來的佛像，以及父親、母親、王瑤卿、蔣介石、蔣宋美齡、張靈甫等恩人的照片。半世紀前的往事，說起來都像昨天發生的事，死去的人在他的回憶中又活了一遍。

電鈴按了許久，才發現門沒關。按著紙條上住址爬上老公寓的三樓，等著我們的，還是一扇虛掩的門。喊了幾聲未見回應，推開門走進去，陰暗客廳有鳥鳴嘰嘰喳喳和焚香氣味，聞起來像一座廟。「夏老師在嗎？」房間傳出動靜，一名金髮碧眼的老人緩步走出。他用流利中文問我們進來做什麼？表明來意是來採訪，老人想起來確有此事，連聲歡迎。等等，所以老人不是因我們來訪才將門虛掩著？「我一個人住，年紀大囉，也許今天睡一睡就走了，也沒人發現，所以我家的門從來就不關的。」

京劇演員夏華達二〇一九年即九十七歲了，但看上去也不覺得老。在他耳邊大聲講話，他悠悠地說：「小聲點講啊，我聽得見。」他獨居新北淡水，一個人買菜做飯，一個人散步運動，凡事靠自己。客人來了，他擦桌、倒茶，我們想上前幫忙還被攔下。他略略挪動檀木桌上的鳥籠，「這兩個鳥啊，我寶貝得不得了，牠們認識人啊，跟你講話嘰嘰喳喳的。鳥鳥啊，客人來了，你們又要熱鬧囉。」

訪問錄影幫他別麥克風，他問：「這不會過電吧？我還想多活幾年呢！我是一部活歷史，我的老師王瑤卿在皇宮給光緒和慈禧太后演戲，我十二歲就跟他學戲，十六歲挑班演出，在南京的時候蔣媽咪（蔣宋美齡）抬舉我演戲，後來共產黨說我是間諜，文革被關了六年，（美國總統）尼克森把我給弄出來，最後是蔣媽咪把我帶來臺灣的。」

逃家學戲　不跟梅蘭芳

對坐的黑檀木桌是他五十九歲剛到臺灣，總統蔣經國送的；這個衣箱打開是紫禁城太監打造的點翠鳳冠，鮮豔的寶藍色澤是翠鳥羽毛一根一根黏上去；那個衣箱打開有嗆人的樟腦丸氣味，一襲華美的金絲孔雀裘攤開來，紛紛落下都是時光的塵埃。

本名Walter Ho的夏華達一九二三年出生美國紐約，父親是中美混血，母親是英德混血。他說父親是美國軍官，打過第一次世界大戰，他八歲那年，父親到上海當領港員，住法租界霞飛路，生母死後，父親新娶中國媽媽，「中國媽媽的兄弟是搞音樂的，去劇團拉胡琴，把我擺在後臺，我穿個小西裝，漂亮得不得了，大家以為我是女扮男裝。舅舅說這是我外甥，有雞雞的。他們幫我換裝，驚為天人，說這是個寶，要我在舞臺跑宮女跑龍套，跑啊跑著，跑出興趣，成天窩在戲班裡。我父親有點封建，看不起戲子，把我關在屋子，我抱著棉被從二樓跳下去，兩個師兄給我錢，我就一個人跑到北京。」

去北京哪?去北京大柵欄兒大馬神廟胡同二十八號，那是京劇通天教主王瑤卿的宅院。其時，京劇有四大名旦，梅蘭芳、程硯秋、尚小雲、荀慧生各領風騷，四人皆受業於王瑤卿，「梅蘭芳到美國演出的船是我父親領港，他跟我爸爸是朋友，我叫他梅伯伯，他當時要收我當徒弟，我種心眼兒了，心想我拜他為師，他是中國梅蘭芳，將來我在美國演戲，我是美國梅蘭芳，我還是在他的腳底下，抬不起頭，不如去北京拜他老師王瑤卿，這個輩分就越過去了。」

他說電影《霸王別姬》演得一點也不誇張，少年學戲練轉身，兩公斤的磚塊牢牢綁在頭上，帶子上繫銅錢，不停地迴旋，轉到銅錢飛起來。他拉著我的手去按他後腦勺的凹陷，是長年累月轉啊轉著給磨出來的。文戲最重眼神，師傅大半夜裡關起門，點一支香來回移動，他的視線就跟著星火轉著，轉出楊貴妃、潘金蓮的眼波流轉，「京戲是有錢人看的，公子哥送黃金、送金項鍊，師傅有規矩，夏天不許穿短袖短褲，光腳都不可以，我們是男生，把自己的身體包得很神祕，出去師兄要跟著，酒樓茶館不讓人隨便看，看了就不值錢了。要看到舞臺上，讓人想著這個男生扮女生怎麼這麼漂亮，保持神祕，讓人遐想，票價就進來了。」

成名被關 都因蔣夫人

他十六歲正式挑班，那一年，一九三九年，蔣介石發表《告全國軍民書》重申抗戰到底。其時，烽火連天，但他隔江猶唱後庭花，頂了個「美國花旦」的名號北京、上海來來去去，「我為什麼會紅？我感恩蔣媽媽（蔣宋美齡）。我們演戲要成名，服裝、地毯、大幕，都要靠自己，我在南京演戲，我父親不支持我，我訂做一批衣服，衣服面料盤金線，兩百多件，加上繡花大幕，要五十兩黃金，沒錢，正發愁著，七十四軍區張靈甫將軍要捧我，知道了，跟何應欽將軍和蔣夫人講，蔣夫人知道了，說外國人演我們京劇要支持，她拿十兩，何應欽拿十兩，張靈甫將軍三十兩，解決了問題。」

他因蔣宋美齡飛黃騰達，但後來在文革吃了苦頭，也是這段關係。問他一九四九年怎麼沒跟國民黨到臺灣來？「美國人很壞，那時候國民黨、共產黨隔江（長江）分治，美國人偷偷把航空母艦開走了，共產黨打來了，蔣公都來不及跑。美國人最後駕著飛機走了，也沒通知在中國的美國人，我們就給留下了。」

新中國成立，他染黑了髮，加上中文流利，身分倒也瞞得過去。文革期間，共產黨清查戶口，要他列出演過戲的地方，幾百個劇場寫下來，寫到南京就壞事了，「我把過往演出的照片，蔣夫人、何應欽一堆達官顯貴的合照黏在桌子底下，還是被掀開來。共產黨把乒乓球桌挖一個洞，要我蹲在裡面，把我當猴子一樣地審，說我是間諜，要我坦白。我在家軟禁三年，監獄三年，一共被關了六年。」

「共產黨跟野獸一樣，沒人性的。」他咧開嘴，指著口腔，說審訊時，那些畜生一拳打來，就給打斷八顆牙。不見天日的黑牢裡，他面壁默背所有學過的戲文，要真的撐不住就誦念《金剛經》，「國民政府主席林森跟我爸爸是朋友，他說我爸爸是武將，殺人殺很多，帶他去上海玉佛寺聽經消業障，那一年我十六歲，也跟著去，一進去看見觀音像，像看到媽咪一樣，好溫和好慈祥，我就哭了。廟裡的太師傅講經，說生老病死愛別離，都在這一生流轉，都是假的，我聽了覺得太偉大了，就皈依佛門。」

他背後牆上懸掛他親繪巨幅佛像。他說文革遭到非人虐待，想死的心都有，一天夜裡，夢見佛祖莊嚴法相綻放光芒，他無師自通學會畫佛像，畫達摩、畫觀音、畫佛祖，艱困的日子《金剛經》念過一遍又一遍，無我相、無人相、無眾生相、無壽者相，他告訴自己，一切苦難皆是空。

六年苦牢　尼克森解救

「一九七二年，尼克森訪中國，給了中國政府一份名單，他們也有特務在中國，知道我被關在這裡，他們點名要把Walter Ho交出來，共產黨害怕了，把我給放了。」他五十八歲赴美，五十九歲來臺，「蔣經國當總統，蔣夫人把我接來的。」

美國花旦被國民黨請來臺灣，有那麼一點宣揚反共的味道，他說著說著，突然壓低聲量：「我跟你說一樁事，國民黨蔣介石不知道，要他知道了，我也是漢奸吶。宣統（溥儀）在滿洲國登基，北京四大鬚生、四大名旦，除了梅蘭芳之外，去滿洲國賀他作皇帝，我也去了，我那時候還小，沒有被登記在名單上，不然我也是漢奸了。」

他不在歷史文件中，也不在閻王的死亡筆記本裡，活著活著，轉眼就要一百歲了。跟他同輩的一代人都死了，家中小小的佛堂供著印度求來的佛像，以及父母、王瑤卿、蔣介石、蔣宋美齡、張靈甫等恩人的照片，死去的人在他的回憶中又活了一遍。回憶半世紀前的往事，說起來都像是昨天發生的事，他和宣統吃過飯、演《貴妃醉酒》，被甘迺迪的兒子誤認成女孩子猛烈追求。事情虛虛實實，網路也Google不到，冤親債主都死了，也無從求證。

一切都是假的，他說：「有人叫我作傳，我不談，都是假的啊！傳記頂多出幾本書，風光一陣子，過幾年沒人想念我了，都扔掉了，誰來看啊。」

百歲人瑞的每一天是這樣過：外出買菜、餵流浪狗，在家看演出的帶子、念佛、畫畫，「我七月還要演出，再找你們來看戲啊。」問他長壽祕訣？「我吃素，不談感情、不結婚，沒家庭負擔，沒精神壓力，清心自在就沒煩惱。感情太苦了。」

「你又沒嘗過感情的滋味，怎麼知道感情很苦呢？」「我唱花旦本來就容易衝動，小生攙我的手，我不是沒感覺，但我壓住了，生老病死愛別離都是一剎那的事，感情一開始互相安慰，各取所需，久了，個性浮現，摩擦也多了，越早想通，越早解脫。」

「你是同性戀嗎？」「我不是，可別人以為我是，我爸爸也以為我是，打我，叫我跪著。我剛到臺灣，總統府派人招待我，那時候八月節，他們要我在公園等著，要買月餅給我吃。記者看到，隔天在小報寫夏老師在公園找男朋友，我看到報紙，急得哭了。有些人說我看見男孩子眼睛飛來飛去，那是臺上扮花旦，眼睛飄啊飄著，背了黑鍋，我壞就壞在一雙眼睛。但我的性欲很淡，因為師父給我們吃菠菜、綠豆湯、芹菜、薄荷、龍井茶，都是大涼的食物，吃了雞巴翹不起來。有欲望就壓抑下來，久而久之，好像在我身上就沒這個事情了。」

對人有欲念，只是壓抑下來了，棄絕情感實因太多情。在臺三、四十年養過八條狗，每死一條狗就哭一年，哭到沒有眼淚。狗火化，骨灰擺放家中佛堂。參觀他的臥室，床上堆滿狗布偶，夏小白、夏小達、夏小華……每一隻都有名字，百歲人瑞每天晚上都要跟布偶說話，都要抱著布偶入睡。

勸莫妄想 苦無人對談

「活這麼久是什麼感覺啊？」「很好啊，世界是一個舞臺，這一齣戲我看了一輩子，看盡各式各樣的人，生命沒有白來，但我不留戀，一切都是假的，也許我現在跟你講完，明天就走了呢。」

「活這麼久，要怎樣才能不寂寞啊？」「不要妄想，不要妄想。」他在掛滿佛像的房間裡喃喃自語，當下以為他說的是做人不要妄想，不會寂寞。可採訪結束，臨別前他謝謝我們今天來關心他，他很開心，還說：「一般年輕人沒社會經驗，筍尖一樣剛生出來，你跟他講七、八十年的往事，他們也沉默無言，我只能在心裡念佛了。」嘰嘰喳喳的鳥鳴之中，我們清楚地聽到他說了一句：「活這麼久，有時候沒人可以說話，的確滿苦的。」

百歲人瑞說不要妄想，原來另一個意思是不管幾歲，做人都不要妄想不會寂寞。

——原文刊自《鏡週刊》第一三八期（二〇一九年五月二十二日）

照片提供：鏡週刊
攝影：嚴鎮坤

喜劇之王 朱延平（1950-）

朱延平一九八一年與許不了合作電影《小丑》大賣，此後引領風騷四十年，拍攝上百部電影，類型多元，涵蓋黑幫、戰爭、色情片，其中更以與許不了、豬哥亮合作的喜劇最為人稱道。他的崛起與臺灣新浪潮的興起幾乎同步，關於侯孝賢、楊德昌的研究車載斗量，但關於朱延平的討論卻付之闕如，他早年對拿獎會有執念，《異域》為了拿金馬獎而拍，卻一無所獲。

拿不到金馬獎沒關係，那就當他們的老闆，二〇〇九年朱延平擔任電影發展基金會董事長，變成金馬獎的上級指導單位，他笑嘻嘻地說：「我從來沒拿過金馬獎，但我現在是他們的老闆，拿不到它，就做它的老闆，好好照顧它。」

在聯合知識庫輸入「朱延平」，會跑出三千七百八十筆資料。新聞由近至遠往下拉，首頁第四則報導的標題是〈快退休了獲貢獻獎 朱延平喜極而泣〉。新聞講七十一歲的朱延平大半輩子拍了百餘部商業電影，臺北電影節肯定其成就，特頒卓越貢獻獎，「以前對拿獎有執念，《異域》、《情色》什麼的，都是衝著拿獎拍的，那時候想拿，卻拿不到，現在回頭看，當然知道原因是什麼，拍得很幼稚嘛！但到了這個階段，拿獎不拿獎，我根本不在意了，拿了反而覺得尷尬。獲知得獎一開始想婉拒，但主辦方說評審有誰誰誰，全數通過。我想我拒絕，也辜負這些朋友的好意，也有點矯情，因為賤人就是矯情嘛，就欣然接受。到這個年紀拿獎，等於從頭拿到尾，也算有始有終了。」他在金馬試片間接受我們訪問，提及第一時間得知獲獎心情。此時，放映室正播放他的代表作《異域》，投影機的光芒穿透了他，打在銀幕上，大導演臉上忽明忽暗，自己的影子疊在電影畫面裡，如此，電影導演和他的影片合而為一，他也變成了影中人了。

大一當臨演　扮屍體被導演相中

大導演口中的「拿獎有始有終」，是我們在網站看到的第一筆資料：他幫蔡揚名導演的《錯誤的第一步》寫劇本，獲亞太影展編劇獎，那年是一九七九年，至於他的入行，則要往前推個四、五年，「我寫《錯誤的第一步》是大四。入行是大一，那時候我念東吳夜間部外文系，學校旁邊是中影文化城。有一天，一個領班來我們學校找臨演，說六十元一天，還可以看明星。我們幾個男同學去湊熱鬧，演路人。那場戲是徐楓和武行對打，我們在旁邊走來走去。導演喊開麥拉，主角開打，我經過，回頭看了一眼。導演喊卡，副導演衝過來飆罵，說：『你看什麼看？』我說：『不是啊，路上有人打架，你總要看一下吧？』副導演說：『就你意見多，你演死人好啦！』俠女砍死了幾個人，地上躺七、八個演員，都是演死人的。拍完收工後導演把我叫住，叫我隔天去當場記。為什麼？因為我演屍體，是當天唯一一個有憋氣的，很進入狀況。」

場記，隨後晉升副導演，朱延平跟過蔡揚名、郭南宏、張徹等大導演。副導演職銜聽上去很威風，但無非是安排臨時演員、看拍攝現場有沒有穿幫，哪裡有人教怎麼拍電影呢？一日，他去看《教父》，看完整個人癱在電影院站不起來，因為太震撼了，「我又特別找一天去寶宮戲院，拿筆記本把每一場戲記下來，這一場是哥哥發脾氣，下一場是黑道火拚。那時候寶宮戲院不清場，我就從早看到晚，把整個結構都寫下來。黑幫電影可以拍到像史詩一樣偉大，實在太了不起了。《教父》是我的電影啟蒙。後來，就把這部電影學到的技巧用在《錯誤的第一步》。」

他憧憬著拍一部偉大的黑幫片，未料，接下來幾年的真實人生已與黑幫電影無異了。

小丑贏大咖　多方黑道挾持拍片

關於他的第二則新聞，是喜劇演員許不了失蹤，遭南北二路追殺。《錯誤的第一步》榮獲編劇獎後，隔年蔡揚名要他拍喜劇，說他很有潛力。他在電影資料館看了許多喜劇泰斗卓別林的電影，寫出《小丑》劇本，找許不了拍片。電影上片，兩個名不見經傳的人打敗瓊瑤、狄龍等大咖。一戰成名後，黑道爭相找他們拍戲，「許不了不肯，鬧失蹤，結果被黑社會打了嗎啡，一打就乖了。但我膽子小，不用打毒品，就很聽話了。他們找我去咖啡館談事情，一進去，裡面坐七、八個兄弟，把鐵門拉下來，然後就在那邊擦槍、裝子彈啊，要我拍片。我說：『你不用跟我講，我都可以，但我前面有竹聯，有牛埔，有縱貫線，好幾部要拍，你們去喬，需要我先拍誰的，我就先去拍誰的。』那段時間一直持續到許不了死了。」悲慘的往事當作最好笑的事來講，「那時候每天都被壓榨，因為帶著懷恨的心拍片，但又不能讓它垮掉。後來我常常講，黑道的壓力是我賣錢的動力，沒有黑道，我拍片，每一部都賠，因為壓力不見了。」

過往不戀，他至今不看自己的電影，一個拷貝都不留，但母親過世，想到的還是《小丑》，「《小丑》的靈感來自《中國時報》一則社會新聞，有一個小丑，和媽媽相依為命，媽媽死掉，仍登臺表演。後來某一年，我和周杰倫在上海宣傳《功夫灌籃》，我們隨片登臺，途中我手機收到媽媽過世的消息，我很難過，但我沒有講，那時車上還有曾志偉，因為電影賣座，大家都很開心。下車後，我立刻打電話回臺灣確認狀況，我還在那邊哭的時候，旁邊的人在催促，快上臺了。一上臺，周杰倫的歌響起，舞臺都是彩帶，全場都在跳舞，我馬上想到許不了。」

片場朱隨便　稱霸國片半壁江山

喜劇導演受訪擠眉弄眼，笑話張嘴就來。問幽默感從何而來？他說大概是來自媽媽的遺傳，媽媽很樂觀，很會講笑話。父母是一九四九年來臺的外省人，軍公教家庭，他小學時，父母離異，他跟著當小學老師的媽媽生活。中學時，母親再嫁，他一個人孤零零住在母親北師附小的宿舍，直到出社會。青春期的男孩面對家變，茫茫然不知如何是好，只好去混幫派找認同，中學念了六所學校，讀了四年仍沒畢業，只好去當兵。「退伍後有一天我去找朋友，剛好有一個作弊集團在他家，說付一萬八，可以護航考大學聯考，我一聽這麼好？回去跟我媽要錢。他們是幾個大學生，臺大、清大的。當天，我們都在成功中學考場。他們交完試卷，站在考場窗外。那時候都是選擇題嘛，手上一瓶可樂，代表第一大題，摸頭是一，摸耳朵是二……。就這樣抄抄抄，矇到東吳夜間部，有時候我也會想，要不是退伍去找這個同學，也不會考上東吳夜間部，如果沒有考上東吳大學，也不會拍電影……。」

事隔多年，回首人生，偶爾也會覺得一個無心之舉改變了命運，但生活卻是得過且過。他與許不了成了生命共同體，每年拍五、六部電影，一連拍了五、六年，部部大賣，但他屢屢對記者說累了，想移民新加坡，「那段日子很辛苦吶，錢都被大哥拿走了，他們就隨便包一個小紅包給你，生活都有困難。後來，賺了一些錢，想走也走不了。」「楊登魁不是有給你一支勞力士？」「勞力士不能當飯吃啊。我有一抽屜的手錶，後來被菲傭偷走了。」

一九八五年，許不了病逝，黑道無利可圖，一哄而散。他自由了，可以大展長才了，誰知拍一部賠一部，直到《大頭兵》、《七匹狼》才又翻身。

時序進入九〇年代，《新烏龍院》、《號角響起》、《泡妞專家》……他的賣座電影一部接著一部，那些年臺灣國片票房，有一半是他掙出來的。他商業嗅覺敏銳，懂得找金城武扮醜搞笑、讓徐若瑄露點演床戲，然而與他合作過的大明星們都沒有怨言。製片人邱瓈寬說有一回搭飛機遇見金城武，大明星對她講，從影以來，就屬和朱導演合作最愉快。

「有些導演會把拍電影當自己的命，幾天幾夜寫劇本，得失心太重，拍片現場演員達不到要求，就翻臉、飆髒話，說：『操，怎麼找這種八流演員？』」向他求證此事，他笑咪咪地說：「但我不是，拍電影對我而言只是一份工作，不強求。我在現場都是笑嘻嘻的，演員說這場戲他演不來，我說：『不好演吧！沒關係，我們換個角度試看看，或者你找一個你演舒服的角度。』所以我叫『朱隨便』，哈哈哈。」

自嘲隨便，但在邱瓈寬口中就是一種「隨機應變」。邱瓈寬十八歲入行，在朱延平的電影當場記，朱看出她的機靈，將她轉到製片組，兩人自此以師徒相稱，「朱導是我看過最聰明的導演，我們那時候很多兄弟……哎，不要講兄弟，講『社會人士』好了，拍片會盯場，他總是隨機應變，能現場改劇本、加臺詞。有一次他拍《女人國》，那電影名字一看就是女生的戲嘛，當時鄭少秋因《楚留香》大紅，投資方臨時找了鄭少秋拍一天戲，他當場就加了一個女人國國王的角色……。」

為獎拍《異域》 滿心期盼卻落了空

朱延平在商業上得到驚人成就，但也希望獲獎受肯定，想起年輕的時候看作家柏楊的戰爭小說《異域》深受感動，親自上門拜訪，花十萬元說服柏楊把版權賣給他。他找來柯俊雄、斯琴高娃一班硬底子演員拍戲，滿心期盼，但當年金馬獎卻一無所獲。

當我們讀到第三百三十四筆資料，將會看到一則〈不滿我國籍評審焦雄屏談話內容 長宏揚言撤退〉的新聞：他帶著作品《祖孫情》出國參加亞太影展，評審焦雄屏說臺灣影片品質不好。他揚言退賽，說焦雄屏分明是挾怨報復，「那時候在《聯合晚報》撰文列朱延平三十七條罪狀，說我拍《報告典獄長》屎尿齊飛，不堪入目，又說《七匹狼》置入黑松汽水，連中影都沒有把國民黨黨徽放進去，我居然把商品跟電影做結合！」他說得委曲，但話鋒一轉，又嘻嘻哈哈，「我跟焦雄屏現在都是老朋友，我們一起去腳底按摩，一起去兩岸影展。當時就是幼稚吧，那時商業和藝術就是水火不容。」

拒頒金馬獎　不想笑臉把獎給人

他拍《小丑》那幾年，侯孝賢也拍了《兒子的大玩偶》，他的崛起與臺灣新浪潮的問世幾乎同步，關於臺灣新電影的研究車載斗量，關於他的討論付之闕如，「新浪潮為國爭光，是臺灣的榮耀。但我們這些商業電影是臺灣的集體回憶，我們這邊不單單只有我，還有《搭錯車》虞戡平、《魯冰花》楊立國、《報告班長》金鰲勳。像你小時候看什麼電影？你們談的是過年去看《烏龍院》、《魯冰花》，那是集體回憶，這兩種電影各有各的代價和貢獻。」

讀第一千八百四十三則資料，他在報導裡半開玩笑地對媒體說：「當時有人找我去頒發金馬獎，但第一次站在臺上，要我裝笑臉把獎頒給別人，如果哭出來怎麼辦？所以我婉拒了。」二〇〇九年他擔任電影發展基金會董事長，基金會轄下有金馬獎執委會，備受冷落沒關係，那就當他們的大老闆，騎到他們頭上，「前一任董事長是廖治德，他中間有原因不能做，要我暫代，結果這一暫代就是十三年。二〇二一年李行導演走後，我有請辭，但文化部慰留，我想如果我堅持不受，那就有點矯情，你知道的，賤人就是矯情嘛！」

他說自己是里長伯個性，喜歡交朋友，就算沒接任基金會董事長，也很樂意去幫忙別人。時序進入二〇〇〇年，他的拍片量少了，我們找到關於他的新聞，不是幫各式各樣的電影團體找錢、爭福利，就是出席各式各樣的電影人公祭與告別式。

二〇二一年李行導演過世，朱延平在臉書上哀悼說「他是我最老的麻吉」，傷心欲絕。「其實我接基金會董事長，有一半原因是為了李行。基金會底下還有一個兩岸電影交流委員會，他是會長。每一年我都問他還想不想當會長？想當的話，我就繼續當董事長，支持他。九〇年代我拿獎想瘋了，那時候李導演是導演協會會長，頒了一個獎給我，大概是肯定我是臺灣商業電影的東方不敗，我很窩心。但後來才知道，他是知道我有財力，要我接導演協會會長，要抓交替來著，哈哈。」

受人點滴之恩，泉湧以報，兩個不同世代的電影人，意外地在李行導演晚年有了美好的情誼，「他很凶，和他工作過的人都被他罵過，但他看到我都笑嘻嘻的，說我是他的接班人。我們私生活相處密切。有時候我會載他們出去吃飯，李媽媽（李行的太太）不肯出門應酬，他就會拿我來說嘴，說：『妳看，延平就像我們自己兒子，比自己兒子還孝順。他來接我們，妳還不去？』他這樣講，李媽媽就肯出門了。他兒子很早就車禍過世了，而我沒有爸爸。我們沒有以父子相稱，但差不多是這樣的意思吧。」

挨批搖擺狗　自嘲因拍手而退休

李行是臺灣電影之父，順著這個邏輯，朱延平也是電影之子吧？但即便沒有李行一層關係，他引領風騷四十年，國片票房稱東方不敗，又熱心為電影人服務，電影之子這個封號也當之無愧吧？「我當董事，找老侯（侯孝賢）當主席，一切以主席的意見為尊，基金會只是監事。他創金馬學院、大師學院，都讓人耳目一新。以前主席上任，帶來自己人馬，卸任之後又把自己人馬帶走，執行長只能做四年，什麼事情都做不了。老侯那時候的執行長是聞天祥，他說聞天祥非常適合，是不是以後就讓他們常任，不用跟主席下臺。我做十三年，聞天祥也做了十三年，做到大家有目共睹，如果不是那年發生事情，金馬是亞洲最大的電影盛事。」

那年發生什麼事？那年，二〇一九年，傅榆紀錄片《我們的青春，在臺灣》獲獎，上臺發表臺獨言論，兩岸電影交流自此中斷，「畫面一卡過來，我跟鄭麗君部長拍手鼓掌，李安握緊拳頭，面有難色，從此之後我就被大陸網友罵『搖擺狗』，說一面在大陸拍片討飯吃，一面向臺獨搖尾巴。」屢屢在媒體說自己已半退休，已經是飯局咖的大導演笑嘻嘻地說：「我從來沒想到自己是因為拍手而退休，但我這個年紀在臺灣拍片反而好，成本小，壓力不會這樣大。離鄉背井，年輕時無所謂，但到了這個年紀反而會想家，好辛苦。很多人其實不知道我為什麼坐在那兒，我從來沒拿過金馬獎，但我現在是他們的老闆，拿不到它，就做它的老闆，好好照顧它。」

——原文刊自《鏡週刊》第三〇一期（二〇二二年七月六日）

照片提供：鏡週刊
攝影：王漢順

女王與僕人　蔡琴（1957-）

蔡琴和林懷民合作的《蔡琴在雲門》本週即將推出。兩個人都是各自領域的王者，對美學各有各個的堅持和要求，互不相讓。林懷民負責寫蔡琴演唱會中間的串場獨白，林懷民給蔡琴的設定「安靜而謙遜的女王」，但被蔡琴打槍：「女王，我是。可我不會是安靜而謙遜的。」她的氣場強大，舞臺上稱王當之無愧。然而臺上那些絲絨般的溫柔嗓音，其實是來自鋼鐵一樣的紀律，是在一次又一次的排練之中鍛鍊而來。但那些唱了幾千幾萬次的歌，還是像第一次演唱一樣戰戰兢兢，落淚了，問她是否在演唱中想到了誰？她說假使每一次哭泣都想到自己，那她還能活到現在嗎？「我唱歌，我哭，只是關心那些和我一樣受了傷的人。」唱歌是同理和共感他人的情緒，情歌女王說她無法把這些歌占為己有，她只是為歌迷服務，她從來只是這些歌的僕人而已。

會議上，蔡琴拋出一個問題，林懷民聽完，起身，緩步走到戶外抽菸。

蔡琴的問題是：「請問這場演唱會開場應該是什麼歌？」她說在座的，有年輕人，也有成熟的人。成熟的人衝口而出：「是誰—是誰——」此起彼落地哼著〈被遺忘的時光〉，「在我對面，有個年輕女孩子始終皺著眉頭，看起來很不好商量的樣子，她低著頭，沒有搖頭，也沒有點頭，林老師衝出去前，一直看著那個女孩子。當大家你一句我一句『是誰—是誰——』，我心想完蛋了，你們想的都跟以前一樣。但我好高興那個皺著眉頭的年輕人講了一句很有分量的話。」女孩說了什麼話？她說：「我覺得這歌太容易了。」此時，林老師從容地走進來，蔡琴問：「如果〈被遺忘的時光〉太容易，但開場應該是什麼歌？」女孩子說：「應該是耳熟能詳，但很少唱的。」

林懷民跟我說 要我的聲音浮出來

林懷民和蔡琴會出現在同一場會議，是蔡琴本週四將舉行《蔡琴在雲門》演唱會，節目監製正是林懷民。不唱歌的編舞家和不跳舞的歌后合作這件事是這樣：二〇二〇年三月，新冠肺炎方興未艾，蔡琴原訂海外演出全取消，坐困臺北的她直覺這場疫情三年五載是跑不掉，只得在家日復一日地聽歌、看老電影，「我不能沒有音樂和電影，看了兩、三年的老電影和紀錄片，也許都有一萬部。什麼鄉村歌王啦、Nina Simone的傳記片，看那些大明星如何唱到老、唱到死。我就不斷地吸收，因為不吸收，我會死掉。這已經是職業病了。」

某日，林懷民來電，問她唱一場演唱會多少錢？她一頭霧水，說：「老師，你要幹麼？」「不管，妳就報價！」她報了九十分鐘與兩個小時價錢，林懷民說：「喔，這樣辦不起來。」「所以我說你要幹麼？」「募款。」「如果是募款，又是另外一種價格。」她在我們面前圈出一個零的手勢：「要不是考慮到我的團隊，其實我心裡是願意這樣的，因為是林老師欸。跟他講了一個價錢，然後說現在可以跟我講你要幹麼了吧。」「他說：『好，蔡琴，我要妳的聲音浮出來。』他半開笑地對我說：『蔡琴，我們都失業了，不如我們來做這個事吧。』我在電話那頭笑了，但我其實很想哭，因為大半輩子做了五十幾張唱片，從來沒有一個製作人說要我的聲音浮出來。」

籌備排練挑剔　龜毛費時不斷重來

二人認識，是因為雲門首席舞者李靜君。李靜君是蔡琴的肢體訓練老師，蔡琴常去雲門探班，每次去就會看到林懷民，但林懷民看到蔡琴也不打招呼，只是遠遠地看著她，蔡琴說：「不打招呼大概是怕會應付不完，但林老師很調皮，他就會在一旁好奇地觀察你。」她笑說林懷民的目光大概像一臺X光機，把她全身上下掃描過一遍，最後大概是獲得老師的認可了，才找她合作。

但林懷民那一方的說法是這樣：「所以很多人睡前要聽蔡琴，她的聲音是陪伴。所有的家人、朋友都不了解的心事，蔡琴就是懂了。很多歌是這樣，他唱，你也唱，但什麼歌被蔡琴唱了，就變成一個厲害的ＩＰ，感染力就是不一樣。這回我做這個事情，就是要大家知道蔡琴比我們想像得更厲害，藝術性更高，感染力更強。我們聽ＣＤ可感受到這種渲染性，但在大場合聽不到。所以我就想在只有五百個座位的雲門劇場，讓大家感受到這樣的渲染性，整個場子只有她的歌聲和你的心聲。」

林懷民戲言若非疫情，節目早該在二〇二一年十二月推出，說好要合作，蔡琴從二〇二〇年十二月就不斷地「騷擾他」。曲目一選選了兩個月，隨後到雲門勘場，她說沒有實際舞臺，沒感覺，雲門連忙替她搭了舞臺，她滿意地回家，但過一陣子又打電話給林懷民，說上一次來沒帶麥克風，那種感覺是不對的，過程來來回回，地理師看風水也沒這樣勤快，「她說要排練，就把整個樂團帶到她家裡，唱過幾萬次的歌，不斷重來，挑剔樂隊，也挑剔自己，『你這邊錯了，你那邊又慢半拍。』下午順排，晚上正式來。穿著禮服，高跟鞋，一本正經地唱歌。這樣一搞就搞了幾百小時，我想跟蔡琴合作想了很多年，想說退休了比較有空，沒想到跟她工作之後，我變成一個偽退休者，」林懷民笑說：「你們每次都把我寫成一個龜毛的人。我碰到蔡琴之後，我才知道我是很小咖的。」

女王氣場強大　坦言自己單純好騙

兩個人都是各自領域的王者，不容挑戰。樂隊的編制、禮服的挑選，各有各的堅持，簡直像是談判。一個說樂隊編制越少越好，一個說，不行，她需要她的六人樂隊，貝斯、鋼琴，缺一不可。一個說她的禮服要亮片，一個說亮片可不可以慢慢加？「別想，沒有你慢慢加的，加到你不喜歡的樣子，我們已經沒有時間改。我要他現在就要快點決定。林老師有他的包袱，因為他怕太秀場。我說為什麼不能有亮片，而且你一定要有顏色，否則會沒有故事。你不能搞得灰灰的，沒意思。」

林懷民口中蔡琴氣場強大，我們確實領教過：二〇二二年九月，《好新琴》演唱會結束隔週，我們在松菸誠品行旅進行訪問。房間裡，有Blake Shelton的歌聲流瀉出來，她正沉浸在自己喜歡的音樂裡梳化，房間外，經紀人說：「我們先拍照後訪問。」並且拿出手機，表示她上一場訪問坐在房間哪個位置，擺什麼姿勢，建議我們避開，以免拍到重複的照片。測燈光，喬走位，一切就緒，有請大明星出場。她款款走出房間，紅色的禮服，無懈可擊的妝髮，恍若有光。明明只是平面雜誌的訪問，陣仗卻像是正式演出。拍完照，經紀人建議她脫下高跟鞋，受訪比較舒服，她厲聲說道：「不要！這不專業。」

因為在雲門演出，蔡琴希望演唱會串場的獨白由林懷民來寫，林懷民找蔡琴做了漫長的訪問，但寫出來的文字還是被她打槍，「林老師給我的人設是一個安靜而謙遜的女王。女王，我是，可我不會是安靜而謙遜的，如果舞臺上的感覺像是演出來的，我！不！要！」一九七九年，她以〈恰似你的溫柔〉走紅，縱橫樂壇四十餘年，陪伴了四、五代人。舞臺上，她是深情款款的天涯歌女，舞臺下是悍然的俠女，的確不是安靜而謙遜。年輕時，她覺得當時的歌手不被重視，投書給當時的新聞局長宋楚瑜，建議舉辦專業的大型音樂獎來肯定歌手，間接催生金曲獎。當時的歌手需要跟電視臺簽約，才有曝光的機會，她發不平之鳴，被老三臺封殺，最後靠侯孝賢、楊德昌、陳國富合拍的音樂錄影帶《成人遊戲》突破重圍。

我們問如果這些豪邁舉措都不算女王，什麼才是女王呢？「我跟你說啦，你們也不要把我寫成一個高冷的女人，我也沒有那麼厲害。我其實是很單純的人，也很好騙。對那些浪漫電影演的事都深信不疑。當然有人會提醒：『妳這樣單純，小心會受傷喔。』我說：『那我請問你，一個不受傷的人生是怎樣的人生啊？』」

在唱歌時哭了　同理共感他人情緒

單純的人相信歌詞裡每一字每一句都是真的，得先感動了自己，唱出來的歌才能感動他人。她不聲嘶力竭、不激情，低沉而溫柔的中低音，是過盡千帆的風平浪靜，那是情感海嘯已過，但波浪還在，故而能在午夜夢迴給聽歌的人安慰。那唱歌的人，可曾被自己的歌裡的哪一段歌詞或旋律所拯救？「總是面對過那些令人很難堪的事，才明白人間的聚散，是不能全放在心上。你說的愛不難，不代表可以簡單，說忘就忘。」她在我們面前溫柔地哼起歌，然後戲謔地說：「說實在的，當時拿到歌詞，心想，那是啥毀？等到出代誌，知影那是什麼，你會哭欸。」我們倒抽了一口涼氣，因為她唱的歌是一九九五年與楊德昌婚變當年，推出的《午夜場》專輯裡的〈點亮霓虹燈〉。

既然她先提到了楊德昌，我們連忙問在《好新琴》演唱會唱〈新不了情〉泣不成聲，可是真情流露？「我不哭也是真情流露，好嗎？這歌再唱，我有新的感覺，『愛一個人，如何廝守到老，怎樣面對一切，我不知道？』我做什麼事都是傾心傾意，因為這歌詞跟我的個性一樣，所以每一句都像是自己的獨白，大家都以為我在思念楊德昌，錯了，如果我是那種女人，我就不會站起來了。但因為我痛過，我就能體會，有多少男人還處於這種狀態？有多少女人聽這歌會哭？我唱歌，我哭，只是關心那些和我一樣受了傷的人。」唱歌是同理和共感他人的情緒，情歌裡的女王說自己只是這些歌的僕人，她無法把這些歌占為己有。「怎麼樣才能在情感趨吉避凶，尤其是妳在感情經歷過這麼多風雨，這麼多是是非非？」「哪有很多是是非非？」「兩、三段啊。這樣需要大智慧吧，跟自己和解。」「這樣哪裡算多？老大，我只回你這一句，到現在，我還要問如何跟自己和解，我活得到現在嗎？」

人要自由得起　就必須要孤單得起

情歌女王獨居，不是在舞臺上，就是在家。林懷民說：「我所認識的蔡琴跟大歌星差很遠，她的生活就是工作，很少聽到她去哪裡吃飯啦、去哪裡玩，她幾乎沒有遊戲。她就是宅女，弄了一堆要求，苛刻的要求，在那邊生氣沒有做到。一個人在三、四十坪的房子裡對付自己。」

「這些過程根本就是享受好不好。妳自己唱了千百萬次，妳還可以找到新的感覺。」林懷民把她形容得可憐兮兮，被她吐槽，女王說自己情願孤獨：「孤單是一個藝術家不能沒有的養分，一個人要自由得起，他就要孤單得起。什麼叫做孤單？什麼叫寂寞呢？寂寞是自己造成的，但孤單是可以去享受的。你受邀去一個派對，盛裝而去，旁邊跟著一大群人，大家拿了一杯酒，都是你認識的，但無話可說，那個叫寂寞，你不覺得很恐怖嗎？我寧可一個人在家好好享受音樂。」

影劇記者其實已經幫女明星寫好她們一生的劇本：走紅了，就問她什麼時候要談戀愛。談了戀愛，問她男朋友有沒有錢，什麼時候要結婚？結了婚，就問何時要懷孕，或關心先生有沒有外遇？倘若婚姻幸福美滿，就逮住機會寫她變胖、變老。但六十五歲的她，在演唱會中氣十足說：「我就是老女人。」她的心態太健康，影劇記者沒什麼好寫的，就編派她的死訊，這個死去活來的女人坐在我們面前說：「所以我看到我腦死、變植物人的消息就覺得很好笑，沒想到我連那些錢也可以幫他們賺。但體力確實是關鍵的，所以我很注意我的健康。」

絲絨般的嗓音　鋼鐵紀律鍛鍊而來

健康的人說自己沒有退休的念頭。這一天，在雲門的舞蹈教室進行不知是第幾次的排演。一首哀傷的情歌唱完，她轉身，一個將麥克風放到麥克風架上的動作，慎重的、優雅的手勢，來來回回地做了好幾遍。她腳踩高跟鞋，步伐隨著旋律落在正確的位置上，身體配合歌曲的律動而延展著，林懷民在旁提醒著：「空間不是妳走出來的位置，而是氣場的散發。」至此，我們才明白情歌女王在每場演唱會會有絲絨般的溫柔嗓音，其實是來自鋼鐵一樣的紀律，是在一次又一次的排練之中鍛鍊而來。

明明是彩排，都像正式演出，我們等於看了一場免費的演唱會。沒有繽紛的燈光、絢爛的投影，排練場只剩下她的歌聲和呼吸，而那些已唱了幾千、幾萬遍的歌，還像是第一次唱歌那樣戰戰兢兢，情到深處，口氣還是會有哽咽，可林懷民不要那些煽情的橋段，不許她在舞臺上掉淚，情緒要節制，一切要到她唱完謝幕的歌，才抬起頭對林懷民抗議著：「老師，現在我應該可以哭了吧。」

——原文刊自《鏡週刊》第三三五期（二〇二二年十二月二十一日）

照片提供：鏡週刊
攝影：王漢順

本來面目　陸小芬（1956-）

一九八〇年，陸小芬因出演《上海社會檔案》大紅，也因此片被牢牢貼上豔星的標籤。她力求轉型，接下《看海的日子》，開拍前每天在烈日下曝晒兩小時，晒出漁村婦人黝黑膚色，勇奪金馬影后，隨後以《桂花巷》、《晚春情事》蟬聯兩屆亞太影后，但影劇版用的標題是「大爆冷門」，不免有一點嘲弄的意味。

二〇〇〇年，她淡出影壇，獎座、海報都收進箱子裡，是過往不戀，也是不堪回首，她不喜歡那個濃妝豔抹的自己，年輕時在演藝圈受的傷，用大半輩子修復，她為《本日公休》重出江湖，電影中一張笑咪咪的素顏，容光煥發，不是老，也不是不老，而是不眷戀過去，不恐懼未來，坦然面對現狀的自然與自在，所謂本來面目。

和攝影同事按著住址找到約訪的咖啡館，前腳才剛踏進門，後腳便鬧哄哄地跟來一大群人，大概電影公司的宣傳、妝髮之類的，尚未弄清楚誰是誰，只見人群中站出一豔麗女人問：「你們誰是記者啊？」我舉手稱是，那女人便遞出一袋物事，伸手連忙接下，沉甸甸的，磚頭大小的東西，眼睛餘光一瞥，是一盒櫻桃。「哎喔，這個《本日公休》很好看捏，你要多幫忙導演，幫電影寫點好話捏。」定睛一看，豔麗女人是該片女主角陸小芬，堂堂金馬影后不擺架子，卻為導演傅天余說起好話，親切口氣，鞠躬哈腰，倒像是什麼家長拜託老師好好照顧自家女兒。

面對媒體能閃就閃

選了靠窗的位置坐下，當工作人員替大明星補妝之際，隨口問她從哪來？她說新北市某處，本來住敦化南路某大樓，住二十五樓，樓下住某政黨高層，半夜會帶女生回家。十六樓鄰居時不時來按她家電鈴，說她半夜洗澡，水聲很吵，那人精神異常，後來捅死警衛，因為是另一個政黨高層姐夫的小孩，新聞被壓下來，她住得心驚膽跳，九二一大地震之後搬到現址，左鄰右舍又住著什麼歌手、演員，鄰居相處很和睦。她一開口，該講的、不該講的，全都講出來了。

大明星在二〇〇〇年左右，演完《大腳阿嬤》等兩檔民視連續劇淡出演藝圈，事隔二十幾年，重新面對媒體，莫非心情緊張，才口無遮攔？「我現在噢，皮皮挫，皮皮挫，真的是恐懼跟緊張欸。因為我平常沒有一定要在版面上滿足自己啦，面對媒體能閃就閃，能被淡忘掉最好。我生活平常，就跟一般人沒什麼兩樣，沒什麼好談的，但是《本日公休》實在是太好了，是我這幾年看過最有感覺的一個劇本，讀完就對導演有幻想，我就跟製片說我要看導演。一見到她，我就知道我會淪陷，我死了。」

《本日公休》脫胎自導演傅天余童年往事，講媽媽在傳統男子理髮廳工作的點點滴滴，因為是日常生活常見勞動婦女，甄選女明星第一條件是不能整形，要「像」自己媽媽，她所謂的像，不是外貌的相似，而是一種「對生命的感覺」相像。但臺灣五、六十歲的女明星找了一輪，遍尋不著，製片建議陸小芬，傅天余邀請她到辦公室聊聊，當天她素顏，提著兩袋水果前往，大大咧咧一直說她有多愛這個故事，傅天余眼睛一亮，發現她笑咪咪的，完全沒有苦相，就決定是她了。

被當看護洋洋得意

陸小芬不負所望，六十六歲的明星在電影中素著一張臉，專注剪頭髮，眼觀鼻，鼻觀心，將理髮阿姨演得唯妙唯肖，然而眼前的人假髮、假睫毛，濃妝豔抹，跟影中人有極大落差。問她怎麼不以銀幕形象出現，那多自然，多好看啊，「你不早講，那個我最擅長了。我不是不愛打扮，但我每天都在做事。」話鋒一轉，提到念大學的姪子騎機車出車禍，昏迷指數三，因為弟弟、弟媳都在工作，自己便跳下來分勞解憂，「以前沒經歷過這種事，很辛苦捏，哪裡知道健保房住一個月要轉院！從陽明轉到北醫，第一次坐救護車喔，喔伊喔伊，我抱著他，媽媽在另外一頭，嚇都嚇死了。後來到萬芳醫院，那邊八樓有一個花園，讓所有人去那邊看花。我把姪子推上去，沒打扮，旁邊兩個人在那邊打賭，講得很大聲，我都聽到了，一個人說這個人是看護，另外一個人說不是啦，是家人，看護哪裡有這麼貼心的？後來其中一個人走來，問我哪一家看護，有沒有電話？我哈哈笑，說你有錢也請不到啦！」

女明星靠臉蛋吃飯，但她被錯認成看護還洋洋得意，姪子大二出車禍，如今大四，活蹦亂跳，她把照顧親人的心情挹注在角色之中，「我把這個劇本給姪子看，他也喜歡電影，以前開口閉口都是九把刀的人，看得目不轉睛。」「妳沒有跟他講姑姑以前是多厲害的咖嗎？」「不會跟他講那個啦。」「妳家沒有貼海報、獎座嗎？他去妳家應該會看到啊。」「沒有欸。本來家裡有很多陳設，琳瑯滿目。但要背負以前那麼多榮耀，心裡都是負擔，我搬家就把獎座收起來，放在箱子裡了，不是說不要它，但它不是你生活唯一的滿足。」

大明星本名張淑芳，九份礦工的女兒，高中念基隆商工，因為愛唱歌，求學期間在歌廳駐唱，因為覺得國文課本寫徐志摩、陸小曼的故事很浪漫，逕自取了藝名陸小芬。一九八〇年，她被王菊金相中演《上海社會檔案》，她詮釋文革遭欺凌的少女，搖身一變成為復仇女神，肉欲而大膽，電影大賣，片商循此模式，拍了《女王蜂》、《瘋狂女煞星》等一系列的社會寫實片，取代了三廳電影，也捧紅了她與陸一嬋、陸儀鳳和楊惠姍，並稱「三陸一楊」，她以復仇女神姿態走紅，打破林青霞不食人間煙火的玉女形象，曾以《臺灣黑電影》記錄這段歷史的侯季然說：「陸小芬代表了那個時代。在她之前是林青霞，陸小芬出現，彷彿是林青霞的所有相反。」

火紅豔星力求轉型

那幾年最紅的明星，男生是許不了，女生則是她，片酬一度高達三百萬元，是臺灣明星片酬之最。拍片因有利可圖，被黑道把持著。黑道為控制許不了，迫誘他施打毒品。問她可曾在片場吃過黑道苦頭？「有喔！藝人在臺灣沒有碰到黑道，哪裡叫藝人？以前環境好複雜，片場一堆吃檳榔，說他們是山口組，我都是帶著恐懼演戲，我一直發抖，很害怕。被恐嚇了，不敢在人前哭，只能回家宣洩。」爆紅後她參加電視臺錄影，舞臺上勁歌熱舞意外走光，戒嚴時代，舉凡唱片、電影、漫畫，事事皆要審核，但她爆乳照公然刊登報紙上，有一陰謀論說政府高層為轉移江南案風向，默許刊登大明星穿幫照，也有說單純就是她熱愛自由，不穿內衣，無論真相為何，豔星的標籤到底是牢牢貼在她身上了。

她力求轉型，接下《看海的日子》，開拍前每天在烈日下曝晒兩小時，晒出漁村婦人黝黑膚色，勇奪金馬影后，隨後以《桂花巷》《晚春情事》蟬聯兩屆亞太影后，但影劇版用的標題是「大爆冷門」，不免有一點嘲弄的意味，舊報紙找資料，那時候的人可真敢講話，白先勇《金大班最後一夜》要改編成電影，有人問白先勇說找陸小芬可好？白先勇說：「楊惠姍有鄉氣，陸小芬欠灑脫。」某年金馬獎原本要找得過影后的她頒發最佳女主角，但嫌她口條差不夠大方，硬是被林青霞取代，改頒音樂獎項。訪問前夕，她一度跟傅天余講可不可以退通告，因為怕媒體又在她的身材做文章，模糊了焦點。家裡不擺獎座是過往不戀，或許也是往事不堪回首。

修習佛法找回自己

她在本世紀初淡出影壇，但其實九〇年代拍片量就減少了，除了零星電影宣傳訪問，關於她的報導只剩下國外讀書，和跟著惟覺老和尚修習佛法。「拍片量減少是因為我眼壓高、心律不整，拍戲壓力大到健康出狀況。有朋友說我可以去萬里，有一個廟（靈泉寺），可以聽講經、打禪七。我一頭霧水，想說禪七是什麼？但看到老和尚那個法相的威儀，會震撼捏。他也沒幹麼，就是要我們喝茶，指著牆上畫著一頭牛，要我們牽回家，說那個牛就是你自己。一開始打禪七整個腰痠背痛，清晨起來繞香，也起不來。可是那個過程很祥和，到後來心情就靜下來，我媽媽也拜佛，但那種要拿香拜拜的，我不喜歡啊，我要的佛法是讓自己覺得很平靜，狂心頓歇。」

問她佛法中最受用的一句話是什麼？「萬法唯心造。我的心如如不動，以不變應萬變啊。以前經歷不夠，經驗也不夠，害怕得罪人，現在不怕了。你都不怕我掉眼淚，我怎麼會怕你難過咧。」何時學會說不，拿回生活主控權？她說當她生命中聞到第一滴精油的味道，改變就開始了。九〇年代初期，她赴美國進修，因為常常請同學吃飯，同學回贈她一瓶精油。以為是香水，一打開，芬芳氣味喚醒她童年被媽媽叫去河邊洗衣服的記憶，一邊洗衣服，一邊唱歌，河邊野薑花如此清香，童年如此快樂，她想藉由佛法、芳香療法和阿育吠陀，找回以前那個快樂的自己。

大明星坐在面前，避談演藝圈帶給她的排擠和傷害，只談自我修復，以往拍戲被嫌國語講得不夠字正腔圓，電影都是由林秀玲配音，但昔日被噤聲的女明星如今滔滔不絕，歡快口氣如喜宴中哪個久未謀面的遠房姑姑或阿姨，「我講話憨慢，以前記者問什麼，就是Yes、Yes，如果你罵我，我只會喔一聲，張大眼睛看著你。現在可以坐在這邊侃侃而談，是因為我去上了脈輪治療，知道人有七個脈輪，我的喉輪以前是鎖著，現在打開了，當明星，就今天講最多話喔。」

人生風景坦然自在

大明星能用自己的聲音說自己的故事，開朗又自在，但相近二十年未曾和媒體打交道，還是頂了老派藝人的濃妝亮相，要拍照了，扶牆，凹著身體，回眸對鏡頭微笑，像極舊書攤那泛黃過期《時報周刊》封面女郎姿態，那照片和電影調性，和訪問完全不搭嘎，只得另尋一個晴朗的天氣，約她在自家附近河堤拍照，且提醒：「不要畫濃妝了！」

二訪這日，她一身連衣裙、球鞋赴約，頭髮隨意紮著馬尾，見她脖子紅通通，問怎麼一回事？「昨天天氣好啦，我在陽臺晒了二十分鐘的太陽，人喔，要常常親近大自然。我有空就到河堤散步，看到樹上好多小麻雀吱吱喳喳，很有生命力，心情就會很好。」沿著河岸走，她一路指點這片草原，那棵大樹都是她最鍾愛的風景，河堤盡處，有一小市集，蔬菜很新鮮便宜。年輕時候在演藝圈受的傷，在此用大半輩子來修復，她叨叨絮絮生活點點滴滴，說與八旬老媽媽同住，家人是她的一切，那笑咪咪的一張臉，幾近素顏，容光煥發，不是老，也不是不老，而是不眷戀過去，不恐懼未來，坦然面對現狀的自然與自在，所謂本來面目。

「上次覺得『今天過得真不錯』是什麼時候？」「我每天都覺得過得很好捏。一切都要靠自己啦，靠山山倒，靠人人跑，靠自己就不怕啊。我很喜歡一個人欸，反而很怕社交。什麼扶輪社社交，嚇都嚇死了。」「欸，可我查維基百科，妳不是二〇〇五年跑去結一個婚？」「那是媒體寫的，又不是我講的！我不喜歡說謊，說謊會下地獄。好啦，請多寫一些電影好話啦，我沒什麼好寫的！」她嬌嗔地對我們抗議，這個不會說謊的女人笑咪咪地對我們重申了一次：「我每天都過得很好啦。」

——原文刊自《鏡週刊》第三三六期（二〇二三年三月八日）

照片提供：鏡週刊
攝影：王漢順

這不是一場有趣的訪談　博恩（1990-）

二〇一八年博恩與謝政豪成立薩泰爾，推出《博恩夜夜秀》，成功將美式訪談脫口秀移植臺灣，蔡英文、韓國瑜爭相上節目，他是第一個在兩廳院和小巨蛋演出的喜劇演員，在臺灣講不夠，還要出國巡演。

創業六年，意氣風發，似乎把整個世界踩在腳下，但也摔了好幾跤。鄭南榕自焚事件、男性也會被強姦段子風波，反倒讓自己被炎上。他越紅，討厭他的人越多，年初他拍影片將五萬元小費給外送員，以為暖心舉動能將自己洗白，未料外送員故事被踢爆做假，他成了眾矢之的。

自己快崩潰了，也不能怎樣，只能和那些被他傷害的人和解，「不想要讓這些過去的陰影拖著我走下去，所以想辦法做個了結，我也沒有要跟大家講說，我改過自新了，我是一個好人，但至少龍頭的方向改變了，我不想走以前那條路。」

週間夜晚，北市林森北路二三喜劇俱樂部「老鳥試段子」節目正進行。所謂試段子，即演員上臺講新寫的笑話，再根據觀眾反應修改內容。舞臺上，有原住民青年拿爺爺過世開玩笑；有嗆辣女生拿墮胎當哏：「清新自在好女孩，不菸不酒我墮胎。」；百靈果的凱莉也來了，登場聽臺下掌聲響起，自嘲：「還以為我回到了青島東路呢！」

票房 似乎可以測到天花板了

博恩是串場主持人，他六月底在小巨蛋和賀瓏演出《賀博台瘋》，也把表演要講的笑話拿來試水溫，「無論星座或八字，算命不是都看出生年月日嗎？最近我研究出一種經緯度算命，告訴我你的出生地經緯度，我就能幫你算命。喔，你是臺北大安區，哇，你這個富貴命。蛤？你出生烏干達？唉喔，命苦命苦啊。什麼？臺北出生，但爛桃花很多？噢，那你上升在萬華。」

博恩講脫口秀很好笑，但訪問並沒有。

「我在來的路上想到也許訪問文章標題可以叫作〈洋芋片不是一種餅乾〉，等等我們的討論會聚焦在喜劇演員有沒有社會責任這件事。有一次你在Podcast回QA，網友問了相同的問題，你說你喊了很久『洋芋片不是一種餅乾』，沒有人理你，如果社會認真回應你的呼籲，那就代表你有影響力，你就承認喜劇演員有社會責任這件事。」

「可以。但我希望你舉的例子是英文對抗『versus』那個單字，我說那個單字縮寫VS.，中間沒有點，不是V.S.，罵了很久耶，但大家都還是濫用。」

「你前一陣子上吳宗憲節目，也開始接受像我們這種傳統雜誌訪問，是因為票房不好，所以要透過主流媒體宣傳？」

「票房沒有不好，我們只是要擴大客群。之前的演出《破蛋者》、《雙聲道》、《三重標準》完售，所以我也不知道自己票房天花板在哪？但今年（二〇二四年）兩場總共要賣兩萬一千張票，現在賣一萬七千張，似乎可以測到天花板了。」

舞臺上擠眉弄眼，聲音充滿跌宕，但訪問時卻是一臉嚴肅，語調毫無起伏。心想如果問票沒賣光，是否是因為和賀瓏搭檔？按照喜劇演員習性，他必然會虧一下賀瓏，給我一個有趣的回答吧？誰知他還是一板一眼地回應：「我做事其實滿科學的欸，賀瓏影響票房只是假說，我們會有方法測試它是不是偽證。假使排除其他因素，明年（二〇二五年）再跟賀瓏搭擋，還是賣不完，證明是他的關係，那後年再做調整。」

爆紅　業外收入是本業六、七倍

問一題，答一題，每個回答沒有多餘的延伸，都是嚴謹的，規規矩矩的，我快以為自己在跟AI對話了。在他說話的時候，順便觀察了一下環境。薩泰爾最近剛搬到民生社區，敞亮空間堆滿羅時豐等藝人送來的花籃，同事來來去去，都是三十歲上下的年輕人，問他公司現在有多少人?他說約莫三、四十個吧。人手不夠，還要擴編，一〇四網站仍看得到薩泰爾求才訊息，公司簡介寫道：「迄今舉辦逾百場現場喜劇演出，累計線下票房破億，製作規格年年成長，不斷突破市場對喜劇的想像。」他和老婆大學認識，交往兩、三年就結婚，二十八歲創薩泰爾，三十一歲生子，委實難以想像眼前這個娃娃臉，三十三歲的男人，人生卻超前進度，完成了許多事。

那個經緯度算命笑話在他身上完全得到應驗，臺北天龍國長大的小孩，堪稱人生勝利組。父親曾文毅是美國麻省理工學院核工系放射科學博士、哈佛博士後研究員，回臺後在臺大醫院擔任影像醫學部主治醫師，也任教於臺大光電生物醫學中心。學霸是會遺傳的，博恩建中、臺大外文和心理系雙學士，英國倫敦大學學院腦與心智科學研究所、法國巴黎第六大學整合生物研究所碩士。

學霸念建中的時候，有一次下課十分鐘聽同學給他的印度裔加拿大脫口秀演員羅素．彼得斯（Russell Peters）MP3，笑倒在地上，愛上了站立喜劇（Stand Up Comedy），將網路上能找的站立喜劇影片都看了一遍。大三得知劇場人張碩修主持的卡米地喜劇俱樂部開設相關課程，跑去上課，也講了幾場Open Mic，然而夾在一堆高手之間，自覺實力差太多，太氣餒，還是專注在本業，出國讀書。

英國求學期間，夏天都泡在愛丁堡藝術節，演員臺上講段子，他在臺下琢磨哪裡講得好，哪裡需要加強，發現自己還是鍾情脫口秀。二〇一六年回國，臺大心理研究所向他釋出助教職缺，按既定生涯規畫，他該往學術圈發展，但錯過該年臺大博士班申請，還要等到隔年，心想既然一輩子都要待學術圈，這一年不如任性一點，做自己喜歡的事。白天在臺灣吧當製作人寫劇本，晚上講英語脫口秀。他的演出不開黃腔，不走地獄哏，笑點全來自生活觀察，參加卡米地的喜劇爭霸戰奪冠，以調侃時下年輕人簡語文化「大奶微微」（大杯奶茶微糖微冰）影片上傳YouTube爆紅，趁勢和臺灣吧謝政豪創薩泰爾。

何以生命可以義無反顧在此轉彎？他的回答直白像是我問了什麼笨問題，「影片爆紅之後，接到很多的業配或商演案，業外收入是本業的六、七倍。」

引火　我從來沒有這麼難過

後來的事大家都知道了，他成功將美式訪談脫口秀移植臺灣，推出《博恩夜夜秀》，每支影片都有百萬點閱，蔡英文、韓國瑜爭相上節目。他是第一個在兩廳院和小巨蛋演出的喜劇演員，在臺灣講不夠，還要出國巡演。我們訪問當下，他才剛從美國回來，接下來兩週還要去法國、英國。這樣搭飛機跑來跑去，投資報酬率不是很低嗎？接業配不是更輕鬆？「我們把Late Night Show（深夜脫口秀）或是Stand Up成功引進臺灣。如今我們也應該把在臺灣經營有成的站立喜劇帶到海外，讓當地華人能欣賞。我有點像是宣教士在異地宣教，一開始像是阿米巴單細胞生物，但當我巡迴講了一輪，離開的時候，他們（當地觀眾）已經是有機的生命體。」

他用的譬喻是宗教的語言，是了，父母是虔誠基督徒，他自幼在教會長大。大學雙主修，全班第二名畢業，除了腦筋好，也來自清教徒般的自律，偶爾賴床睡得晚了，他會甩自己巴掌，罵「你這個廢物」。他在大學探索站立喜劇，也將《聖經》讀得熟爛，在團契帶領查經。然而人為體制的迂腐讓他失望，只能黯然離開。他說自己如今是不可知論者，不否認神的存在，但人的能力無法知道或確認神是否存在。

沒有信仰的人，一切都可以嘲笑，體制弄到他了，讓他覺得不爽，他就用笑話對著幹。他太菁英了，訪談中「法利賽人」、「忒修斯之船」，全都是典故。他在Podcast就是這樣的風格，不管聽眾跟不跟得上，專有名詞聽不懂自己查。他把講脫口秀當成大型社會實驗，他把脫口秀演出宣傳改成「一場有趣的演講」，以凸顯娛樂稅制度的荒唐；發行自己後庭飛機杯，無非顛覆性別意識，好玩嘛。

創業六年，意氣風發，似乎把整個世界踩在腳下，但也摔了好幾跤。二〇一九年，他在Open Mic當主持人，要補救表演者講壞了的笑話，提及鄭南榕自焚，內容被觀眾發文Po網，引火上身。二〇二一年，他辦「炎上徐乃麟」，演員龍龍被薩泰爾員工老K蕩婦羞辱，泣訴博恩護短。他越紅，討厭他的人也越多。他不是不明白自己很黑，二〇二四年年初，他拍影片將五萬元小費給自稱是「曾墜機的退役飛官」外送員，以為耶誕老公公一樣的暖心舉動可以將自己洗白，未料外送員身分被踢爆作假，他成了眾矢之的，成功策畫「炎上名人」的他，這下真的快被燒死了。

主修腦神經科學，不喜歡過度專注自己的情緒，常把「Turn it off」（關掉）掛在嘴邊，情緒不好，就先把開關關掉，等自己壯大了，再打開就好了。然而驕傲的他當時真的撐不住了，「我想要當更好的人，可是換來的是更強化以前的負面印象，我不知道下一步了，對不起，但我從來沒有這麼難過。」

和解　我不想走以前那條路

甚至開始有點同情他了。講脫口秀，是因為站在臺上，可以跟人群保持距離，他厭惡一切人際關係，能不跟人接觸就不接觸，他喜歡主持Podcast，因為自言自語很自在；沒工作的時候，他寧可一個人研究棋譜，或者帶兒子去賞鳥。然而經營社群媒體，方方面面處理的全是人的情緒。

快崩潰了，也不能怎樣，只能打開開關，和那些被他傷害過的人和解。之前在節目上羞辱吳宗憲很難笑，那就上他的節目去破冰，龍龍泣訴他護短，那就找龍龍拍片聊一聊，「不想要讓這些過去的陰影拖著我走下去，所以想辦法做個了結，我也沒有要跟大家講說，我改過自新了，我是一個好人，但至少龍頭的方向改變了，我不想走以前那條路。」

和解的對象也包含《女人迷》的創辦人張瑋軒。二〇二〇年博恩以「男性被強姦」做段子上傳部分影片，結尾說：「我可以想像《女人迷》會寫一堆文章罵我，題目就叫『不，你沒有被強姦』。」《女人迷》果然正氣凜然出征撻伐，他再拋出完整影片，說那全是自己中學經歷過的性霸凌。

後來，他在理科太太的節目又將往事講了一遍，「國中放投影片，教室燈暗，隔壁同學手就過來了。當下不舒服，但真的講不出為什麼不跟老師講。影片上傳，有熱心民眾幫我報案了，我就去警察局，警察就問那你國中有跟別人講嗎？我說沒有。他下一題就問為什麼沒有？我說不知道。到了警察局，我才真正感受到我願意把過往用一個段子的方式講出來，不代表我願意去警察局用一個非常Dehumanizing（非人性化）的過程回憶這一段。」性霸凌不只發生一次，性器官一再被不當接觸，他只能不斷告訴自己，那就跟被摸頭、碰肩膀一樣，不需要多做情緒的反應。訴說語氣理性如ＡＩ，那影片拿掉了笑聲，就只剩下巨大的壓迫感。

「那時候我滿卑劣的，以後做大型社會實驗，不會再拿別人當踏腳石。」當年的受害者如今在我們面前檢討起自己，「最近感觸會這麼深刻，是一堆人叫我去看《馴鹿寶貝》，看了超級不舒服的，因為遠古時期的負面情緒全被喚醒了，但我不會去對Richard Gadd（編劇和主角）說你怎麼可以創造出這種東西，害我很不舒服。這些畫面對我的影響，我隨時可以按暫停。性侵的主題還是可以講，但講的方式真的可以滿不一樣。當年為什麼想要講這段，是因為《荒唐分局》的喜劇演員泰瑞克魯斯（Terry Crews）跳出來講自己的經歷有幫助到我，所以我也想當泰瑞那樣子的人，但我忽略了一個很重要的差別，泰瑞是用非常誠懇的態度，而不是戲謔。」

安分 變成一個無聊的中年人

雖然聲調沒有起伏，但喜劇演員講的全是傷心事，連忙問他有沒有哪一場演出是真心享受臺下的歡笑和掌聲？「你題綱有這題，但我想了很久，沒有欸。我覺得我太務實了，剛才不是說二〇一八年收入改變嗎？這件事可以客觀解釋成因為其他專業都無法賺這麼多錢，所以我把這件事當正業。但在這之前當講站立喜劇只是興趣，一個晚上只有兩、三個笑聲還是很開心的快樂已經沒有了，回饋啊，掌聲啊，現在對我而言一點沒有意義，我只是做好分內工作而已。」

對了，那個喜劇演員有沒有社會責任那一題，問他怎麼看青島東路反立院擴權運動，百靈果凱莉和程建評因各自言論，相繼在Threads被炎上，他的回答也算是答案了，「這些作為，只是加深對立。現在新進喜劇演員已經不講腥羶色或政治，笑話非常清新脫俗，但他們有巨大的無力感，因為臺灣現在大部分的人對於喜劇印象就是很冒犯人，無論他們怎麼跟自己的朋友說不是這麼一回事，大家已經不聽了。還是要消除歧見，讓雙方可以對話啊。」

那個回應還是四平八穩，無聊得像是ＡＩ的回答，自己忍不住嘟噥了一句：「你有發現自己變老了嗎？」

「變成一個無聊的中年人，我知道啊。那天凱莉一直罵我。她現在懷孕，說會不會當媽媽之後，變得跟我一樣無聊？我說絕對會，當你當了爸爸媽媽，有在乎的人，一定會害怕失去，你一定會變得比較保守一點。」

——原文刊自《鏡週刊》第四〇四期（二〇二四年六月二十六日）

筆桿之中

輯二

Volume 2:
Within the Pen

愛欲金剛經

蔣勳（1947-）

二〇〇七年，作家蔣勳接受本刊採訪，同事形容他是「文化界阿基師」，所到之處總簇擁著師奶和貴婦。九年後，阿基師因外遇醜聞中箭落馬，但六十九歲的美學大師依舊顛倒眾生。二〇一六年四月，他和小說家阮慶岳座談，我們抵達現場，草坪上坐滿人，目測兩百人左右，然而這僅是戶外實況轉播現場。屋子裡坐無虛席，都是來聽他分享去年駐村臺東池上感受。偶像明星到池上拍航空公司廣告，帶動觀光，蔣勳也不遑多讓，新書《池上日記》描繪小鎮故事，令人嚮往。小鎮最熱鬧一條中山路，許多小店櫥窗牆壁掛著他的詩和書法，換言之，文化阿基師升級成文化金城武。

照片提供：BIOS monthly
攝影：周項萱

蔣勳的聲音低沉，講話不疾不徐，有嗡嗡嗡低鳴，像廟裡一口鐘。他用迷人聲音，淺白比喻，講中西美術史、講《紅樓夢》，善男子善女人歡喜信受。大抵是近年開始講《金剛經》的緣故，加上手腕盤着一串佛珠，一頭蓬亂銀髮，看上去法相莊嚴，有幾分西域高僧味道。他目前在臺東美術館展覽駐村畫作，展前一週，我們前去臺東採訪，見他與策展團隊在美術館討論用哪張書法為展覽收尾，其中一卷《金剛經》，約八百公分長，乃他發願替亡父亡母而抄。

受持誦讀 為人演說

父母埋葬溫哥華，二〇一一年夏天，他前去祭拜、抄經。人生第一次抄經可有法喜充滿？「感覺很複雜，不只是抄經，生命中很多經驗都被帶出來了。」他與父親關係不睦，抄經是修補父子關係。

我們隨他回到池上駐村的房子，五、六〇年代老舊公務員眷舍改建，兩房兩廳。他說小時候在臺北大龍峒住過一模一樣的房子，「家裡三男三女，兩個房間，男孩子一間，女孩子一間，父、母親就睡在客廳，」我們眼光望向手指指向之處，也就回到了他的童年現場，他說父親黃埔軍校出身，做人嚴謹自律，規矩到一定的程度，能半夜睡在板凳上不掉下來。

家中六個孩子，他是次男，排行老四，卻與母親感情最好，「有時候晚上母親洗好澡，穿好旗袍，搽點明星花露水就出門，我鬼靈精怪知道她要幹麼，偷偷跟蹤她，她發現了，轉身就拿小石頭丟我，噓一聲要我回去。」母親一個人看電影，那是絕望的家庭主婦從粗糙現實唯一逃離的時刻，他分享了母親不可告人的小祕密，是最親密的共犯。他說生命中對美、對頹廢的追求最像母親，但跟父親則不然，「他始終站在威權的角度，指導我該做什麼，不該做什麼，有一段時間，自我在那個威權底下沒有辦法出來，沒辦法活出自我。」

一九九七年，父親病逝溫哥華，「清洗他的大體，想到這輩子沒有抱過這個男人，心情非常複雜，像是和解，又像報復。」他和母親隨時隨地是摟摟抱抱的，但和父親之間沒有觸覺：「有一段時間，我對男人感到很恐懼，覺得男人的身體是不可觸碰。這個男人到老看到這對母子在他面前多麼親密，他卻無法加入，那樣的情感很荒涼。」我啊了一聲，說那豈不是很像蔡明亮電影《河流》？寂寞的男人來到同志三溫暖，在煙霧蒸騰中仰賴陌生人的慈悲，離去發現是至親骨肉，那樣荒涼的情感？「是的，看完試片後，在電影院外面一直走一直走，第二天，我無法回東海上課，我只得跟學校說我生病了。」

是身如燄　從渴愛生

身體需要愛。父親過世後，他著魔一樣畫大量的裸體畫，漂亮的美麗的男孩的身體，或坐或臥，閃閃發亮的身體。衣服如鐐銬，除去了，父親加諸在身上的束縛也不再有，該系列作品是名《肉身覺醒》。肉身覺醒，人也自由了。

父喪，他開始讀《金剛經》，但十四年後自己險些喪失性命，生死流轉，才有抄經覺悟。他記得很清楚，那天是二〇一一年十二月十八號：他在陽明山泡溫泉，貪涼打赤膊吹涼風，夜半覺得不舒服，隔天去看醫生拿了硝酸甘油舌下片，但老花眼懶得看瓶子上的小字，不知藥錠僅能緩解症狀，僅有兩小時效用，服藥後漫不在乎地參加朋友媽媽告別式，和雲門舞集的朋友們喝下午茶，突然呼吸困難，臉色發白，幸好學生在旁邊，緊急送醫。

被推到手術室，醫生開完上一床刀正要離開，他僅聽到有人喊著「醫生不要走，這裡還有一個……。」生命彷彿停格，並沒有意識了。「那過程很快，晚個十分鐘，人也就過去了，第一個支架裝上去，像是一張紙的兩面，翻了過去，我醒了，醒過來聽到醫生說的第一句話是討論第二個支架是否要裝比較好的，但健保沒有給付，需要自費……。」拖著這個肉身又回來了。

六十九歲的他講話穩重，可步履輕盈，展場裡走動，三步併兩步。與我們聊天也不肯乖乖坐著，牛仔褲、Superdry的潮牌Polo衫，身體左右搖晃，像少年一樣過動，「更早的時候，我走樓梯從來不肯一階一階乖乖地走，一跨好幾階，七十歲的身體當五十歲用，難怪會心肌梗塞」。畫著漂亮身體的人，自己搭高鐵開始買敬老票，心情應該很複雜吧？「不會欸，那票價差很多，好便宜，我到處獻寶。」

老之將至，並不悲哀。我與他用手機聯繫採訪事宜，他總飛快回了簡訊，附上當天拍下的散步風景。他懂用Whatsapp，懂把手機貼在車窗拍照，他說網路世界太好玩了，我問：「那老師你知道電腦Google蔣勳，就會跑出林懷民嗎？」他大聲笑起來。

三千世界　微塵眾生

人生七十，他說未來畫畫想多一點，寫作可以少一點。寫作靠思考，畫兩米高的大畫，舉手拉背，畫到渾身大汗，已經是運動了。在池上一天作息是這樣：晨起念經，五點到大坡池散步，約莫一個半小時；白日作畫，一邊畫一邊用機接Bose藍芽音響聽BBC古典樂；傍晚，或者在小鎮晃晃，或者到鄰近的鹿野洗溫泉；晚上八點半，飯食訖，收衣缽，洗足已，早早睡下，日子過得規律，簡直是修行人。

未曾動過出家念頭嗎？「出家太簡單了，年輕的時候因為性苦悶跑到獅頭山海惠庵住上一段時間，因為把你隔離了，因為生理或心裡的葷都沒了，你就可以修行得很單純，但那個安靜是假的，我一下山看見山腳下賣豬血糕的，就知道我完蛋了。」「如果有一天發現你在妓院抄金剛經應該也不用太意外吧？」「也許那是我最應該做的事。」

小鎮風景畫完了，他也要出關返回臺北畫人像，「池上待了一年多，對臺北人感覺好陌生，我好懷念捷運上有人疲倦地睡覺，有人在電話吵架。池上的人太舒服了，慢慢走來走去，人的強烈性沒有了，那像是紅酒還是得要有那麼一點點苦澀，才迷人，」離開是為了眷戀，他說：「那個頹廢我太久沒有了，我需要被滿足。我對頹廢和沉淪好眷戀，純淨和世俗裡的髒汙我想混合在一起。」

凡所有相　皆是虛妄

他說得文謅謅，我在心裡嘖了一聲，脫口便問：「那不然你還看A片嗎？」「看啊，我學生給我真崎航（色情片男優），我都看了。」他說得水波不興：「我看他怎麼拍，鏡頭怎麼變化，日本A片比美國A片好看了，他不直接滿足你的欲望，總是這裡加什麼，那裡加點什麼，吸引你去看。欲望太容易滿足就完蛋了。」

「不會覺得心肌梗塞就覺得應該節制一點嗎？」「那沒關係吧。身體夠了，但精神永遠是不夠，我覺得那是對人性的探險，身體欲望很容易滿足的，但精神上的欲望，那個探險永遠是沒有臨界點的。」

《金剛經》講離欲阿羅漢，但他說念經和情欲並不牴觸，念經本該從那個基礎開始，故我們走進展場，第一張畫便是一個修行人，慈眉善目，然而在翠綠色背景之下，下擺卻有紅紅烈火燃燒起來，那畫完成最晚，兩天就畫好，他畫風景最終還是回歸心事，是身如焰，從渴愛生。他是文化阿基師，是文化金城武，也是眷戀愛欲的畫家。雖說凡所有相，皆是虛妄，但我不免要問真的可以寫他看A片的事？

「沒關係啦，我都這麼老了。」人生七十，話裡全沒有猶疑。

——原文刊自《壹週刊》第七八四期（二〇一六年六月二日）

照片提供：鏡週刊
攝影：王漢順

煙火女人　李昂（1952-）

二〇一二年，李昂賣掉一間公寓，換來近三千萬元，環遊世界到處吃米其林。美食對她而言，是滿天煙火，稍縱即逝的快樂，她說花錢要趁早啊！再老些，有錢也花不動了。

她說要寫好小說，第一要戒除的就是男人，談戀愛就好，不要結婚。迷園暗夜，香爐甘蔗，這大半輩子寫了十來本書，轟轟烈烈，何嘗不是一場煙火表演？然而在小說裡殺夫的女人晚年卻說我遺憾沒懷上一個小孩，然後陪著他一起長大。

煙火表演過後，徒留夜空多寂寞，她說：「我計畫再寫兩本小說，寫完就可以準備去瑞士安樂死了。」

約十二點半臺北高鐵站，李昂十一點五十分就傳簡訊說她到了，來排隊買臺鐵便當，怕來晚買不到。不好意思讓文壇大姐大久候，下捷運三步併兩步跑到約定地點，見她兩手空空，神色悠哉站剪票閘口。問：「便當呢？」「吃完啦！」臺北車站人來人往，她就站著嗑掉一個便當。

我們行程是這樣的：參訪中興大學，然後跟李昂回故鄉鹿港拍照。興大二〇一六年六月授予她榮譽博士學位，將為她蓋李昂特藏館。副校長楊長賢說她著作等身，乃外譯本最多的臺灣作家（日、韓、德、義、法、捷克、荷、美、英、瑞典等十國），也是文化界獲頒法國騎士文化勳章第一人。

賣房求現 為伯爵

興大頒贈學位另一理由是她來自鹿港，跟臺中有地緣關係，可以壯大臺中文化聲勢。她本名施淑端，家裡十兄弟姐妹，排行老么，四姐施淑是文學教授，五姐施叔青也是小說家。父親原是木匠，因買賣杉木而致富，「（一九七〇年）我來臺北讀文化大學，爸爸說妳給自己找一個地方住吧，我獅子開大口，在濟南路看到一個花園洋房，兩百五十幾萬元，就買了。那時候林懷民在政大教書一個月三千元薪水吧。」

小說家的任性和叛逆來自經濟獨立。她感謝一輩子可以靠父親吃穿，不用在文壇看人臉色，自己愛寫什麼就寫什麼。在文化大學教書，遇同事杯葛，大小姐索性就不教書了。多年前，嘉義中正大學舉辦李昂學術研討會，范銘如、楊翠、陳萬益等教授在這裡評價她的文學定位，她在那裡要大家長話短說，因為她在竹崎山上訂了一個厲害的餐廳，遊覽車在外面等，會議一定要準時結束。

從臺鐵便當吃到米其林三星料理，她真愛吃。二〇一二年，賣掉一間公寓，入帳近三千萬元，環遊世界到處吃米其林。對她而言，一個人吃飯太無趣，所以也會招待朋友，四年下來賣房的錢所剩無幾，僅以新書《在威尼斯遇見伯爵》紀念一場又一場豪奢旅行。

花錢要趁早啊，年過六旬的她說，規畫退休金，一定要在六十歲到七十歲能跑能跳的時候，能花多少就是多少，此後，髮蒼蒼齒搖搖，坐在家裡看書看報，哪裡也去不了。喜歡旅行，但頻密的米其林追星之旅，則是在一九九七年出版《北港香爐人人插》後。她畢生寫作生涯全籠罩爭議中，《殺夫》描述鹿港婦女不堪丈夫虐待，於精神狂亂中殺死丈夫，被譽為「女性主義文學」，於八〇年代出版引起軒然大波，有讀者以為她性生活氾濫，寄來衛生棉和內褲。她一度和父親關係壞到極點，「我爸爸沒有不認我這個女兒已經很客氣了。」父親晚年中風，床上躺十年，不能讀報看電視，不知道女兒將迎來更大的風暴。

香爐版稅　近千萬

《香爐》在報上連載，僅刊全文三分之一，陳文茜便跳出說這是影射。「這是我這一輩子碰到最大的打壓，號稱認識我的人都站在陳文茜的立場罵我。」李昂說：「書越罵越紅，一個月賣了十七萬本，版稅拿了近千萬元，我自認是用功的小說家，辛辛苦苦寫的小說被這樣對待，這筆錢拿得很不舒服，索性拿去吃吃喝喝，加上亂投資股票，一下子就花掉了。」

往事追憶，不免喊冤。年輕時結識不少政治受難者，二二八到白色恐怖都有，其中有一人，落魄時旁人避之唯恐不及，唯獨有一女子，金錢給予援助，也不惜以身相許，在男人擔心沒有明天的恐懼之中給予最溫柔的安慰，後來這人發達了，娶了另一名家世清白的女子，「我親口聽這個男的在婚禮上說，如果我娶的是那個女的，那今天婚禮上豈不是要坐滿好幾桌表兄弟嗎？一個人講出這麼卑鄙無恥的話，把我激怒來寫北港香爐。陳文茜是何等聰明，何等美麗的人，怎麼會來對號入座這樣一個角色？」

「我一九九〇年到九三年和施明德交往，我是當事人，怎麼會不清楚當時什麼女生跟我搶施明德？這其中根本沒有一個陳文茜！女人會對誰記恨？當然是同一時期，有過競爭的女人嘛。」一場兩個女人的戰爭，兩敗俱傷，唯獨施明德自命風流，另結新歡。二十年過去了，李昂說，她也應該跟陳文茜和解了：「那個事件造成我和陳小姐複雜的關係，我們各自負各自的責任，歷史有一定的軌道和痕跡，涉及權力和性，面目有其相似性，這我沒辦法撇清，但她也必得解釋為什麼要對號入座。」

路邊甘蔗　憶舊愛

寫《北港香爐人人插》腦中沒有陳文茜，但寫《路邊甘蔗眾人啃》心裡確實想著施明德，但因為想著他，反而將所有真事隱去，寫的是從政男人自戀的通性。一九七六年，她結識施明德，施明德籌辦《美麗島》雜誌，她眉頭不皺一下掏出十萬元，是該雜誌第一筆捐款，其時，她在文化大學教書月薪七千元，等於是一年的薪水。

施明德因美麗島事件被關，九〇年代獲釋後幾乎一無所有，「我是他少數的資源，他出門需要排場，我就開我的賓士車載他，兩人很快就在一起了。」《路邊甘蔗》引述許信良的名言「搞革命，女人的錢最好拿。」問她是否有感而發？她說錢給出去就給出去了，她大小姐不在乎。

錢關好過，情關難留。《鴛鴦春膳》自白二〇〇六年遭逢人生最大的難關，問她是什麼關卡？「當然是情關，能困住我的，大概只有感情了。」痛徹心扉的愛是心裡的祕密，她不透露。情傷用食療，她目前著手一個小說，寫什麼？她不說，神祕兮兮地說裡面有很多很多男人的身體喔，是她在健身房大量做田野調查來的。她品鑑男人身體，如高級生魚片，食欲與情欲，原來同一泉脈。

田野調查　為殺夫

路邊甘蔗垂垂老矣，但聊起青春肉體卻津津有味。性是恐懼，是權力交換，是政治，是飲食，十六歲寫性寫到六十歲，可有不同？「男人三、四十歲開始，體力開始走下坡，但女人沒有年齡的限制，以前是女人被男人玩弄，如今面對男人不能、不及與不夠，天生的優越感在女人心中產生，就可以在旁邊嘿嘿嘿地笑。」

讚她能吃能玩，人生精采，她卻說自己人生經驗是匱乏的，「我不是貌美如花的女人，男人是看不上我的，加上我去上電視上壞了，我一出現大家都知道我是誰，私下去玩耍的機會都沒有，沒有很多男人要跟我睡覺，我的經驗絕對是不足的。」寫作的領域，她用閱讀和田野調查彌補人生經驗的不足。

施淑端取筆名李昂，李是母姓，母親是個很強勢的人，她盼繼承母親性情，寫作之路昂首闊步，「李昂這個名字給我很多方便，但也阻礙很多機會。」「阻礙是指情感嗎？」「對啊。我來自一個很嚴格的家庭，在家教和自我限制下，反而使我在愛情面前不勇敢，沒有跳下去粉身碎骨的勇氣，為愛一個男人，最後去哀求，像狗一樣搖尾乞憐，對我而言是很丟臉的事。」「所以妳寫小說是去嘲弄這些女人？」「是補償！」她突然拉高音量：「不是質疑，是補償，寶貝！」

鴛鴦春膳　療情傷

我們在她家對談話題葷素不忌，偶爾話題太辛辣，她便要我放低音量，因為姐姐施淑在家，姐姐不愛她講這些有的沒的，仍管束她，「單身仍存活下來，是因為有親情陪伴。」我說家裡有人擋在前面比她先老，故她仍可任性，仍有少女神態，但她聽完沒有喜色：「這是因為沒結婚，沒小孩啊！一個女人假使有了小孩，看著自己的小孩長大，會把心內少女的部分剷除掉。但我不覺得這有什麼快樂的。我的人生很多采多姿了，但你問我有沒有缺憾，當然有，我遺憾沒懷上一個小孩，然後生出來，陪著他一起長大。」

她停頓一下繼續說：「我本來有機會可以有小孩的，但我以為若把小孩生下來，我會跟當時那個男生沒完沒了的糾葛，小孩長大，會需要有爸爸，我又不可能拿小孩去綁住一個男人，我被女性主義的教條壓得死死的，所以我做了一個愚蠢抉擇，選擇放棄了。」

女性主義的信徒在小說裡殺夫，臨到暮年，仍懷念著那個不曾擁有的孩子。到處放火的小說家不像我們所想的那樣勇敢，小說是補償，是她的第二人生，「週末時，很多女生覺得孤單沒地方去，在家看電視很無聊，我在寫東西啊。」她緩緩地說：「我計畫再寫兩本小說，寫完就可以準備去瑞士安樂死了。」

話題太傷感，我們只能夾菜吃飯。再度回到餐桌上，東豐街海產店，座上賓客有美食家謝忠道、徐銘志和葡萄酒作家林裕森。但那哪裡是吃飯，簡直是踢館！眾人你一言我一語，「噢，這道墨魚香腸夠味，那個清蒸花蟹還不錯。」廚子端上一道麻油腰花雞佛，她吃一口，砸嘴彈舌：「這道不行，麻油不夠味，真正的春膳要讓人吃到面紅耳赤，春心蕩漾。」林裕森斟上科西嘉島的白酒，「啊，不要了，醫生說我二尖瓣膜有問題，不能喝。」她連忙阻擋，不過話鋒一轉：「但既然是裕森帶來的，一定是好東西，我喝一點好了。」我們還來不及阻擋，她就在眾人驚呼聲中乾杯了。

——原文刊自《鏡週刊》第六期（二〇一六年十一月九日）

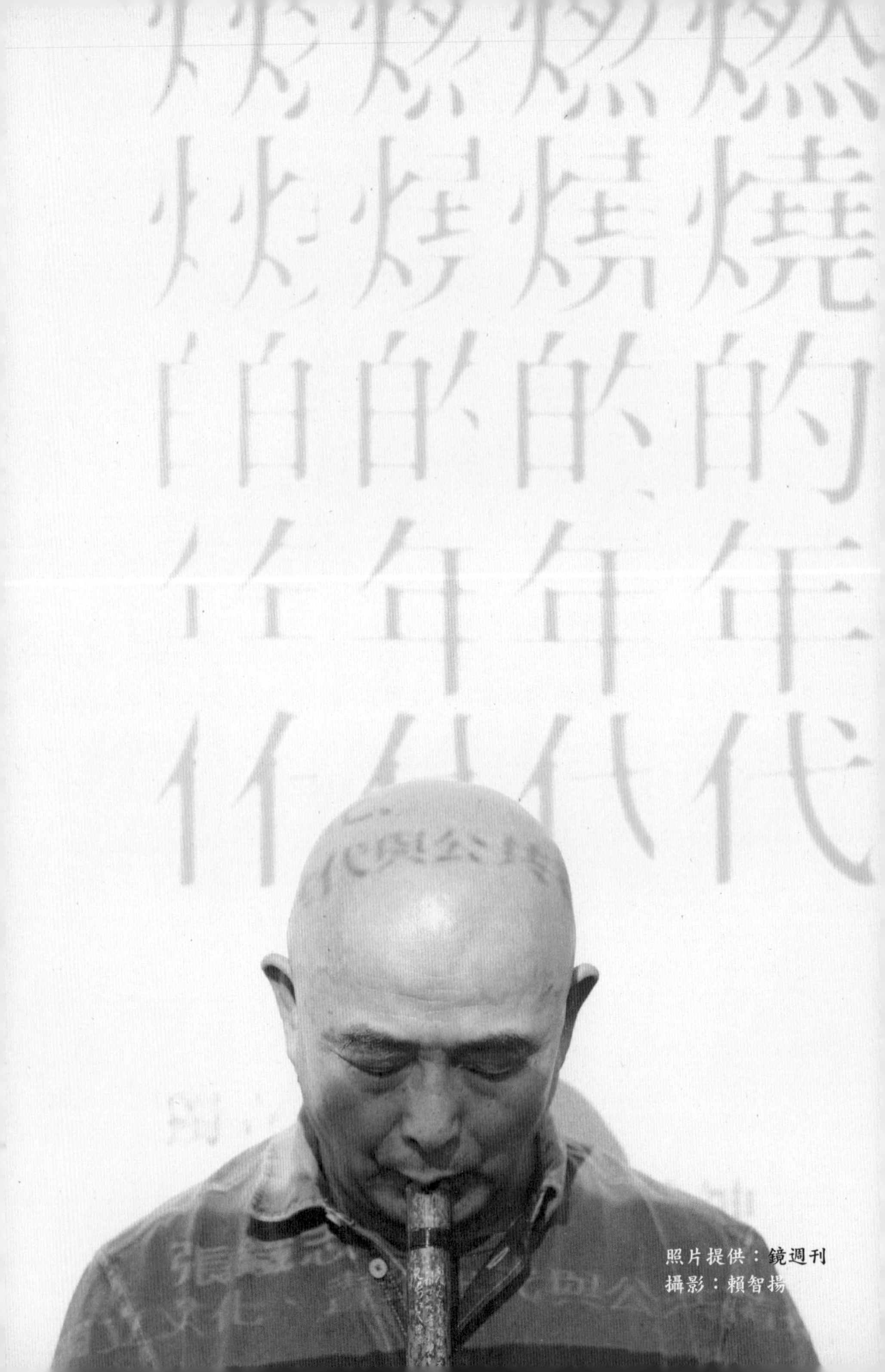

照片提供：鏡週刊
攝影：賴智揚

在路上　廖亦武（1958-）

廖亦武年輕時迷戀美國垮掉的一代，有樣學樣，寫詩，效法嬉皮過浪蕩生活。他在中國四處遊蕩，一九八九年初夏，來到北京，卻面對天安門廣場學潮冷感，打道回四川。居住的山城草木皆兵，他覺得不安，於六月三日寫下長詩〈大屠殺〉，預言了隔天的悲劇。

因寫詩坐四年牢，出獄出版《中國底層訪談錄》，變成禁書大王。在中國前後二十次申請出國被拒絕，索性偷渡到越南，流亡到德國。然而他在太平盛世裡也要闖太平盛世的禍，為抗議共產黨員莫言得諾貝爾，他裸奔抗議，裸照上傳網路被臉書停權，「我過去不曾向共產黨低頭，現在也不會向facebook低頭。」他對自己做的事情充滿熱情，老嬉皮始終在路上。

隔著一張茶几與廖亦武對坐，五十九歲的中國流亡作家在我們面前斟酒。起初的對答遲疑而謹慎，暗暗的房間，亮晃晃的攝影燈打在作家臉上，簡直是審問。作家神情略顯不安，硬要拉著編輯廖志峰入鏡受訪，「你過來這兒坐舒服一點。」「這樣的訪談會不會讓你想到監獄問口供啊？」「欸，」作家木訥地應了一聲：「一般採訪之前，我都要喝一點，暈暈浮浮就無所謂了。」語畢，在杯子裡倒上了高粱，推到我面前。

出國頻被拒　帶史記和簫偷渡

「這次來臺灣挺不容易啊，您出發前還被扣在法蘭克福機場。廖志峰在臉書上講這個事，有人還留言說是否梅克爾緊縮難民政策，要逐走廖亦武了？」他解釋自己拿的是大陸人民進出臺灣簽證，可護照卻是德國政治難民護照，兩個對不上，在機場被櫃檯扣下來，其實並不是什麼大事，可他在中國有申請出境二十次遭拒的紀錄，不免讓人往政治迫害的事實去聯想。

廖亦武是當今國際文壇中深受注目的華人作家，二〇〇一年，在中國出版《中國底層訪談錄》被視為反動書籍遭查禁，二〇〇八年，該書借屍還魂，出版英譯節錄本《吆屍人》，讓他在西方一夜成名。書籍不容於中國書市，卻有英、法、德等二十幾種譯本，他出版《洞洞舞女和川菜廚子》《毛時代的愛情》等書，獲獎無數，二〇一二年獲法蘭克福書展「德國書業和平獎」，歷年獲獎者有蘇珊桑塔格、帕慕克等人，是諾貝爾文學獎前哨站，此後，諾貝爾文學獎開獎前夕，他的名字亦屢屢在賭盤上，成了熱門人選。

流亡作家來臺不易，出中國更難。二〇一〇年，他第十六次申請出境獲准，前往德國參加國際文學獎，回國前，友人赫塔米勒（Herta Müller，諾貝爾文學獎得主）抱著他哭，勸他不要回去了，但他堅持在母語環境寫作，「劉曉波當時獲和平獎，我認為情況可能要轉好了，沒想到我完全估計錯誤，我一下北京機場，就被請進了北京派出所。」異議分子余杰、冉雲飛三番兩次被刁難，他四次申請出國訪問遭拒，隔年，索性一個登山背包，揣一本《周易》、《史記》和一把簫，穿越過中越邊境，逃了。作家始終在路上。

「我在雲南生活過一段很長的時間，對雲南太熟悉了，我買通黑社會，知道他們在河口經常放人出去，販毒的、大宗賭博、賣淫集團，都可以出去。我花了五萬塊人民幣，偷渡後交錢，他們一邊數錢沒錯，然後放行，」他講一講笑出來：「還好我名聲沒有劉曉波、艾未未來得大，不然肯定是不行的。」他坐火車到河內，待了三天，腦中好幾套劇本：德國大使館或美國大使館尋求政治庇護，要不行，就給德國駐京記者打電話，讓他寫個新聞，變成國際事件。

學嬉皮浪蕩　像條狗竄來竄去

他一關闖過一關，最後還是在河內機場給拿下。越南海關見他拿單程機票，要他再買一張返程票，「當時是有點冒冷汗，他們說如果不買，就要把我移送中國海關。那機票特別貴，先後給了黑社會這麼多錢，私下留了一千多歐元，幾千人民幣，不得已把所有錢掏出來。當飛機起飛，著實鬆了一口氣，我當時有點缺鈣，腿都有點抽筋。」許久不寫詩的他，在飛機升空的剎那突然有寫詩的心情：「一個嬰兒誕生在天空。」

重獲自由的一刻他想到的是詩，讓他入獄其實也是詩。他在六四前夕寫長詩〈大屠殺〉，隔年入獄，然而他說自己不懂政治，只是浪子。詩人一九五八年出生四川鹽亭，童年在文革中渡過，教書的父母被遊街示眾，他逃家流浪，「像一條狗一樣到處竄來竄去」，改革開放恢復高考，他考不上大學，當過煮飯工，開過大卡車，也開始寫詩。偶然間聽到美國垮掉的一代作家艾倫金斯堡（Allen Ginsburg）的〈嚎叫〉，腦袋轟一聲炸開了，「他的詩第一句就是『我們這個時代最好的頭腦被瘋狂給摧毀』，我就想我們連瘋狂都沒瘋狂過，他媽的還摧毀。」

六〇年代的美國嬉皮給了八〇年代中國詩人學習榜樣，他開始路上的生活。他在女人身上踏開一條大道，也四處晃蕩，「四川到北京五天四夜的慢火車，我就鋪報紙睡硬座下面。聽到有人談論詩歌，就從別人的褲襠底下探出頭來，一面看他們的褲襠，一面聽他們談詩論藝，」他恨恨地說：「媽的，那時候中國就是沒有毒品，要不肯定去了。」

寫詩入黑牢　獄卒惡整電肛門

一九八九年初夏，他受邀到北大朗誦，世界正沸騰，而他對天安門上群眾激情與狂歡無動於衷，打道回四川。六月二日，四川涪陵也開始騷動，小街上都是持槍的武警，敏感的詩人覺得惶惶不安，在三日下午寫了長詩〈大屠殺〉：「向學生、工人、教師、攤販開槍！掃射！掃射！瞄準那些憤怒的臉、驚愕的臉、痙攣的臉、慘笑的臉、萬念俱灰和平靜的臉掃射！」

詩歌如籤詩，預言了八小時之後發生的事。隔年，他和一班哥們籌拍詩歌電影《安魂》在重慶被抓，被判四年。「人生前半段只是一個短暫的上午，一個懶覺睡到十點，還沒弄清活著是怎麼一回事，就該吃午飯了。」他曾如此描述自己的嬉皮青春，然而他的人生一下子就天黑了。

黑牢記憶在出走德國後寫成《六四．我的證詞：從先鋒派詩人到底層政治犯》，該書英文書名叫做《為了一首歌和一百首歌》，乍看浪漫的書名來自殘忍的際遇。他在獄中哼歌被獄卒逮到，被罰唱滿一百首，唱不滿，獄卒拿著電棒要他把舌頭伸出來：「精神戀愛不過癮，還是親親歌裡的妹妹吧。」「感謝上帝，我的記憶力超群，唱至三十多首就卡殼了，」他回憶道：「於是獄警命令幾個勞改犯人把我按翻在地，用呼呼飛旋的電棒戳入我的肛門。我還能說什麼感謝話呢？生活多值得回味，我居然在胯間的陣陣炸裂中還能叫出文革中的時代最強音：『東風吹，戰鼓擂，現在世界上，究竟誰怕誰？』」

極權要他閉嘴，但他還是要說，不管是在獄中，或出獄後。他在獄中和高僧拜師學吹簫，出獄後賣唱維生。邊緣人格只能和邊緣人做朋友，他出版《中國底層訪談錄》，書籍旋即遭官方禁止、銷毀，卻成為盜版市場的暢銷書——他在臺北國際書展，來的多半是北京慕名而來的粉絲。書中受訪對象，有底層攪和的朋友，也有獄友的故事，「在監獄那些人不斷地說他們的故事，殺妻碎屍的，從糞坑逃獄的，我夢都夢到他們，他們講了幾十遍，我不可能忘記。像惡夢一樣追蹤我，我只好把他們寫出來。寫出來才能擺脫這個惡夢。」寫作像遺忘，也是見證。

獄中紙如金　字跡細小如螞蟻

我們看他的手稿，因為獄中紙筆珍貴，文字跟文字之間沒有縫隙，簡直是螞蟻一樣。在中國，他多次遭警察抄家，幾百萬字手稿被奪走再寫，寫了再被奪走，「每次大禍臨頭，我都懷著索忍尼辛在《古拉格群島》被抄去手稿時的同樣想法：『立即發表！』」他戲稱自己細細小小的字跡是螞蟻體，「一個人和國家機器做抗衡，像螞蟻面對一座山，螞蟻是不可能推翻一座山，但螞蟻可以寫下來，若干年後，這座山砰然倒下，這本書會留下了。」而他九月即將出版的小說就是《輪迴的螞蟻》。

他極其喜歡螞蟻這個意象，人面對浩瀚宇宙，渺小如螞蟻。二〇一四年，他和中國藝評人結婚，生下的女兒就叫書蟻，楊書蟻。「跟著媽媽姓？」「對，螞蟻順著楊樹爬得比較高嘛，那個意象才對，跟著我姓廖，一點意義也沒有。」「但你不需要子女傳宗接代？」「我需要啥傳宗接代，估計知道我的人就很多，有我的書就夠了。」

比無知更恐怖的是漠然，問他六四都是近三十年前的往事了，不怕後來的人越來越不在乎了嗎？他扛出了孔子，「知不可為而為之，當今世道再混亂，也混亂不過春秋戰國，孔夫子都逃亡了十三個國家，如喪家之犬，但他還是堅持文化傳承。」他笑了出來：「我因講真話坐牢，但人一輩子還是講真話舒服一點。我講真話，做一個真性情的人，最終結果也不是太慘是吧？」始終在路上的詩人似乎停下了腳步。他住家旁有德國最大的森林，森林有湖，湖裡有人裸泳，夏日裡，他總是推著嬰兒車，帶女兒散步，女兒睡覺了，他就停下來讀書，整個夏天又讀完一遍《紅樓夢》，他說，那是我一生最幸福的時光。

嬉皮講孔子，以為老了，但他把杯子換成碗公，斟酒，推到我面前，喝開了，講起二〇一二年為抗議諾貝爾文學獎頒給共產黨員莫言，在斯德哥爾摩裸奔的事。他在商場電梯脫光衣服，順著停車場竄出來，「我跑了六十米，衝上臺階才讓國王的衛隊給拿下，當我赤身裸體穿越斯德哥爾摩廣場，我感覺特別High，警察的呼喊聲特別遠，星星月亮都在天上，我當時很得意，我終於超越自己。」老嬉皮對自己做的事充滿激情，他嘿嘿笑了兩聲：「結果被關了一晚，我可是共產主義和資本主義的牢都坐過的人。」

——原文刊自《鏡週刊》第二十一期（二〇一七年二月二十二日）

氣色紅潤，步履輕快，八十歲的白先勇和尹雪豔一樣，總也不老。去老還少乃因二〇一二年前出版《父親與民國》，替父親白崇禧平反，積壓心中一輩子的大石頭終於落下，故而神清氣爽。

父親是他生命中最重要的議題。《臺北人》壓軸是〈國葬〉；《孽子》最終一個章節，孽子們替傅老爺子送終；《父親與民國》最後一張照片，他撐著傘在雨中祭父。小說裡，孽子被逐出家門了，現實中，小說家是孝子，寫小說、為父親作傳……。種種輝煌成就，皆為光耀門楣。所謂故鄉即是埋骨處，作家亦有心願，百日之後，埋於雙親身邊，落葉歸根。

照片提供：鏡週刊
攝影：林煒凱

孽子回家

白先勇（1937-）

照片提供：鏡週刊

少女杜麗娘春遊花園，牡丹亭下夢一書生，夢裡交歡，行來春色三分雨，睡去巫山一片雲，醒來悵然所失，抑鬱而亡。少女離魂歸天，十二花神來迎接，仙樂飄飄，曼舞翩翩，臺中國家歌劇院連演三天蘇州昆劇院全本《牡丹亭》，第一夜，故事在高潮中落幕。該戲製作人白先勇在掌聲與喝采聲中現身了，舞臺上，他被一群彩衣斑斕的才子佳人們簇擁著，步履輕快，這裡點頭微笑，那裡招手致意，彷彿南極仙翁。

不老可比 尹雪豔

對岸搬演湯顯祖《牡丹亭》單位不知凡幾，唯獨以白先勇之名的白牡丹一支獨秀，自二〇〇四年在臺北首演，至今世界巡演兩百八十九場，場場爆滿，總觀賞人次超過六十萬。演出結束後的派對，南極仙翁下凡了，近看他臉上掛著微笑，皮光肉滑，氣色紅潤，身上一襲寶藍色長袍是服裝設計師洪麗芬新製的，設計師長年為他裁製衣裳，說他十年來身形都沒改變。

八十歲的作家和尹雪豔一樣總也不老。

不，何止不老，簡直更年輕了。兩年前，政大教授陳芳明見他神采奕奕，以為他染髮，探究之下，始知他出版《父親與民國》，為父親白崇禧平反，了卻心事，故而神清氣爽。訪問第一個問題就問他這事，「欸，是真的，我最近寫在聯副的文章你看過沒？〈八千里路雲和月〉。我不是出版《父親與民國》嘛，這兩年我走了十二個城市，東西南北到各個大學演講，就寫這個事。」文章以八千里路雲和月之名，自是把父親比作岳飛，一代名將戰功彪炳，晚年被蔣介石架空在臺灣，形同軟禁，頗有壯士未酬身先死的意味。而文章題目也反映自己為父平反，四下奔走的心情，「他為國家打仗一輩子，應該給他一個安靜的晚年，百戰將軍何必要用小特務去跟蹤？這不是國民黨應該做的事，那個心事積壓了二十年，總算寫出來了。」

百大經典　臺北人

白崇禧乃中華民國陸軍一級上將與首任國防部長，育有子女十名，白先勇排行老八，出生桂林，亂世之中，童年相繼在重慶、上海、香港度過，十五歲移居臺灣。

將軍之子棄武從文，讀臺大外文系，二十二歲辦《現代文學》，但不脫父親影子籠罩。趨勢科技文化長陳怡蓁是《牡丹亭》贊助者，說他行事嚴謹，共事者戲稱他白司令、白將軍。大作家也不否認這點，說：「我父親是軍人，很嚴格，我辦《現代文學》時，以為他的世界和我格格不入，嘿，沒想到年紀大一點，做事情也學他那一套，我辦雜誌，現在講來有Leadership（領導能力），能穩住這一群人一定要有相當的能力，你知道，文壇很不好弄的！」

李昂少女時代在《現代文學》發表小說，她心中的白大哥一雙火眼金睛，自己的心情是悲是喜，白大哥一眼就看出來了，順手一個摟肩或擁抱，她就足以忘憂。她說白大哥懂人情世故，製作《牡丹亭》錢的缺口這樣大，可是就有通天本事這裡找錢、那裡要人，但又不讓人覺得銅臭。

七等生、王禎和、李昂、三毛……翻開《現代文學》總目錄，提拔的作者一字排開，閃閃發亮，可比封神榜。他名列仙班之首，《亞洲週刊》二十世紀百大中文小說中，《臺北人》入前十強，《孽子》是同志經典，晚近復興崑曲，為父親作傳，謀一事成一事，人生亦如牡丹一樣花開富貴，然而讀他的小說，三十六篇之中，有二十三篇以死亡終結，堪稱死亡筆記本。問為何如此？他回答童年肺病一場，小小年紀對人生便有了無常之感。

男孩寂寞 十七歲

他七歲時住重慶，遭祖母傳染肺結核被隔離，「我一個人住半山的房子，保母跟著，有自己的小廚房，吃飯一個人。父母親偶爾來看我，但和哥哥姐姐不在一起了，覺得被打入冷宮，失去童年，從此個性就變了。」作家敏感心性，隔離三年，又更容易傷春悲秋了，獨居的孩子聽見燈火輝煌處有熱鬧的笑聲，掉下淚。

「家裡十個小孩，我不是爸爸最愛的，不是媽媽最愛的，他們掩藏得很好，表面很公平，分十個橘子差不多大小，但我心裡很明白他們最愛的是哪一個。」他自我安慰夾在中間，兩邊的愛都有份，其實幸福，但也知道「念書考得好，家庭地位高」的道理，從香港輾轉來臺念建中，跟寒窗苦讀沒兩樣，「建中學生數理很好的，我在香港又沒學過，老師說什麼我聽不懂，我請我前面的同學教我，硬著頭皮拚命去念，欸，高三考第一。」

小說家筆下男孩十七歲是寂寞的，但十七歲的小說家，在最好的時光遇見最好的人。一九五四年夏天，他上課遲到，搶著上樓梯，撞上了一個也快遲到的男孩，那是隔壁班的同學王國祥。

迷戀青春　牡丹亭

他在《樹猶如此》追憶往事，說兩人來往相交，情牽三十八年。他少年夢想日後到長江三峽築水壩，申請保送成大水利系，王國祥也跟著去考成大電機。他發現自己興趣不合，重考臺大外文系，王國祥也轉學臺大物理系，他辦《現代文學》，種種快樂牢騷，王國祥都是第一個聽眾，兩人一前一後赴美。

王國祥念臺大時罹患「再生不良性貧血」，罕病僅百分之五的治癒率，在中醫調理下奇蹟康復，藥方中有一帖犀牛角，小小一包價值不菲。他說，日後在聖地牙哥動物園，見著犀牛，想到是牠治好王國祥的，心生好感，站在獸欄徘徊久久才離去。王國祥五十歲後舊疾復發，他搜出方子找藥材，當時，犀牛已是保育類動物，他四處張羅，在加州一藥房苦苦哀求，過程無異白素貞盜仙草。

然而二十年過去了，王國祥病況已與年輕時不同，藥石罔效，僅靠輸血續命。他捧著厚厚病歷，中國、臺灣遍尋名醫，「我與王國祥相知數十載，彼此守望相助，患難與共，人生道上的風風雨雨，由於兩人同心協力，總能抵禦過去，可是最後與病魔死神一搏，我們全力以赴，卻一敗塗地。」一九九二年夏天，白先勇在加護病房握著王國祥的手，陪他走完人生最後的路。

因對生命感到無常，所以小說家在作品中凝視死亡，伴隨著死亡的，是對青春的迷戀。是故《孽子》裡有青春鳥飛翔，《牡丹亭》藉由青春的演員、青春的衣服讓崑曲還魂。

玉卿嫂額頭有條條分明的皺紋，他恨不得借容哥的手在她的額頭用力磨一磨，全數抹去。人生八十，又是如何看待青春呢？「花在青春開得最美，人也是的嘛，不是有句詩嗎？彩雲易散琉璃碎，青春因為短暫，所以值得留戀，太長就沒意思了。回頭看青春，等於爺爺看孫子。」

長壽還勝　金大班

「現代科技可以讓每個人跟尹雪豔一樣不老，你有比較開心一點？」「可能！可能！但科技延長也有個限度，人都是會老的。」「你活得比金大班、尹雪豔還康泰，小說家活得比自己小說人物還久是什麼感覺啊？」「跟生命妥協了吧，對自己、對人也比較寬容，也會比較有自處能力了，每個人到最後只剩下一個人了，這要及早準備，臨老再來準備，慌慌張張、手足無措，那也不行。」

順著他的回答問下去：「那麼王國祥的離去呢？一個人的老去，獨自生活這門功課您學習好了嗎？」愉快的氣氛頓時凝結，他望了我一眼，像被冒犯，又像被觸碰心事，沉默不響，一分鐘像一小時。我手忙腳亂翻著桌上的資料，結巴解釋之所以這樣問，是書中看到聶華苓提及您在信中寫給她一段話：「我跟王君十七歲結識，相守三十年，他曾帶給我人間罕有的溫暖。這幾年我還在學習一個人走下去。」他淡漠地解釋：「那時候她先生走了，我寫了一封信去安慰她，歷經這種親近的人一下子走掉的事，我想誰都很難調適，那個學習都是一輩子的課題。」

「對了，您剛剛說二〇〇〇年經歷一場大病，沒講完……。」場子冷了，只得把話題兜回來，訪談最初，他提及自己心肌梗塞的往事被打岔了，不妨從這裡重新開始。「很有意思，這個故事，我家裡後花園有一盆茶花，種子從雲南來的，叫作佛茶，花跟蓮花一樣大，花是一九九八年種的，過一、兩年，飆起來了，泥土不夠了，二〇〇〇年夏天，我午覺醒來，看車房有一袋泥，想到要加土，把泥土一搬，欸，發作了，心緊得不得了，躺下來，沒事了，去看急診，我父親心肌梗塞走的嘛，醫生見狀轉診心臟科，做心血管檢查，左冠狀動脈，阻塞百分之九十九，只得緊急開刀，命懸一線吶。發病前的一個月我去京都三十三間堂，裡面供著八百尊觀音，我本來對觀音就很親，我上香，忍不住掉淚，那種掉淚就是一種受了菩薩的護佑，後來想想菩薩留我在世上，可能還要我做什麼事。」

孽子送終　父子情

二〇〇〇年後，他讓崑曲還魂，替父親作傳，也幫曹瑞原把《孽子》改編電視劇，「男孩子之間的情感拍成電視，要讓每個人都能接受，不能曲高和寡，又不能粗俗不好看，這個不好弄，真的不好弄。」小說一九七七年在《現代文學》連載，問若青春鳥們活在今時今日，想對他們說什麼？「天生我材必有用，身體髮膚，是上天，同時也是父母給我們的，應該珍惜。外界對同志的歧視不要讓它內化，別忘了，大家都是人，人生而平等，但我很高興，大家都站出來，勇敢做自己。」

既是歡喜當下的青春鳥勇敢做自己，何以小說中的少年們彼此不做愛，只和年紀大的男人發生關係？「肉體是人的現實，小說家寫肉體也寫不過《金瓶梅》，但肉體寫穿了，也不過這樣，有些故事可能需要，但《孽子》主題不在那裡，它的主題是父親，處理各式各樣的父子關係……。」

父親，父親，始終是父親。《臺北人》壓軸是〈國葬〉，寫大將軍喪禮；《孽子》最終一個章節，孽子們替傳老爺子送終；《父親與民國》最後一張照片，他撐著傘在雨中祭父，「父親是我生命最重要的主題。」他說。「你沒有讓爸爸失望吧？」「我想他對我很器重。」「爸爸知道你的事嗎？」「他知道，知道就不談啦。我們家沒有像我小說裡面寫的那個樣子，父親拿著槍要你滾出家門。」知道，卻不說破，所謂人情世故。

樹猶如此 憶故人

性向這件事，他在香港受訪坦承不諱，大家也就不追問了。別人這樣待他，他也這樣待人，如得其情，哀矜而勿喜。蔣曉雲《民國素人誌》等於把《臺北人》的故事重寫一遍，她沒指名道姓，但好事的人從線索推敲，不免把尹雪豔連接到張忠謀老婆張淑芬的媽媽去，拿這個事問他，「我覺得文學家下筆可能要留幾分慈悲。」他笑笑著，便沒有往下說。

因為懂得，所以慈悲。《樹猶如此》悼念王國祥，不稱男友、伴侶或情人，僅僅說是摯友。若非怕父親失望，是否那感情太真摯，真摯到無法用世間任何一種尋常關係去定義？「那是一段很深的情感。」這一次，他不加思索地回答了。

小說裡的孽子被趕出家門，而他呢，家在那裡呢？「桂林是我原來的地方，臺北感情很深，好多親友在這裡，美國住了幾十年，有一定的Attachment（連結），家在那裡呢？文化才是我的家。」深諳人情世故的作家說自己家住《紅樓夢》、《牡丹亭》，回答得體又漂亮，誰都不得罪。然而故鄉便是父母埋骨處，《奼紫嫣紅開遍：白先勇》紀錄片的總製作人林文琪說，一次他們在白崇禧墓園取景，白先勇指著家族墓園一角落告訴她說，以後就埋在這裡。

柔情還續　紐約客

作家身後事看得灑脫，但人生待辦事項還很多，父親傳記還有一部要弄，《紐約客》也未寫完，他面色紅潤，越說越起勁。看了一下手機，午後五點。作家日日過午起床，對他而言一天正要開始。他說睡眠品質不好，日夜顛倒，看書聽音樂，電影也看，深更半夜才睡。問他最近看了什麼？他說《琅琊榜》，我啊了一聲，追問不會《甄嬛傳》也看吧？紅學大師笑呵呵地說道：「看啊，虧編劇想得出來，他們倒是越來越厲害了。」一個人的夜晚，受觀音菩薩護佑的人也念經嗎？「念啊，念《心經》、念《普門品》，讓自己心定。」我又啊一聲：「你還會覺得心猿意馬嗎？」我沒想會在這樣一個花開富貴的南極仙翁嘴裡聽到這樣的回答：「會啊，怎麼不會呢？」

——原文刊自《鏡週刊》第三十七期（二〇一七年六月十四日）

照片提供：鏡週刊
攝影：林俊耀

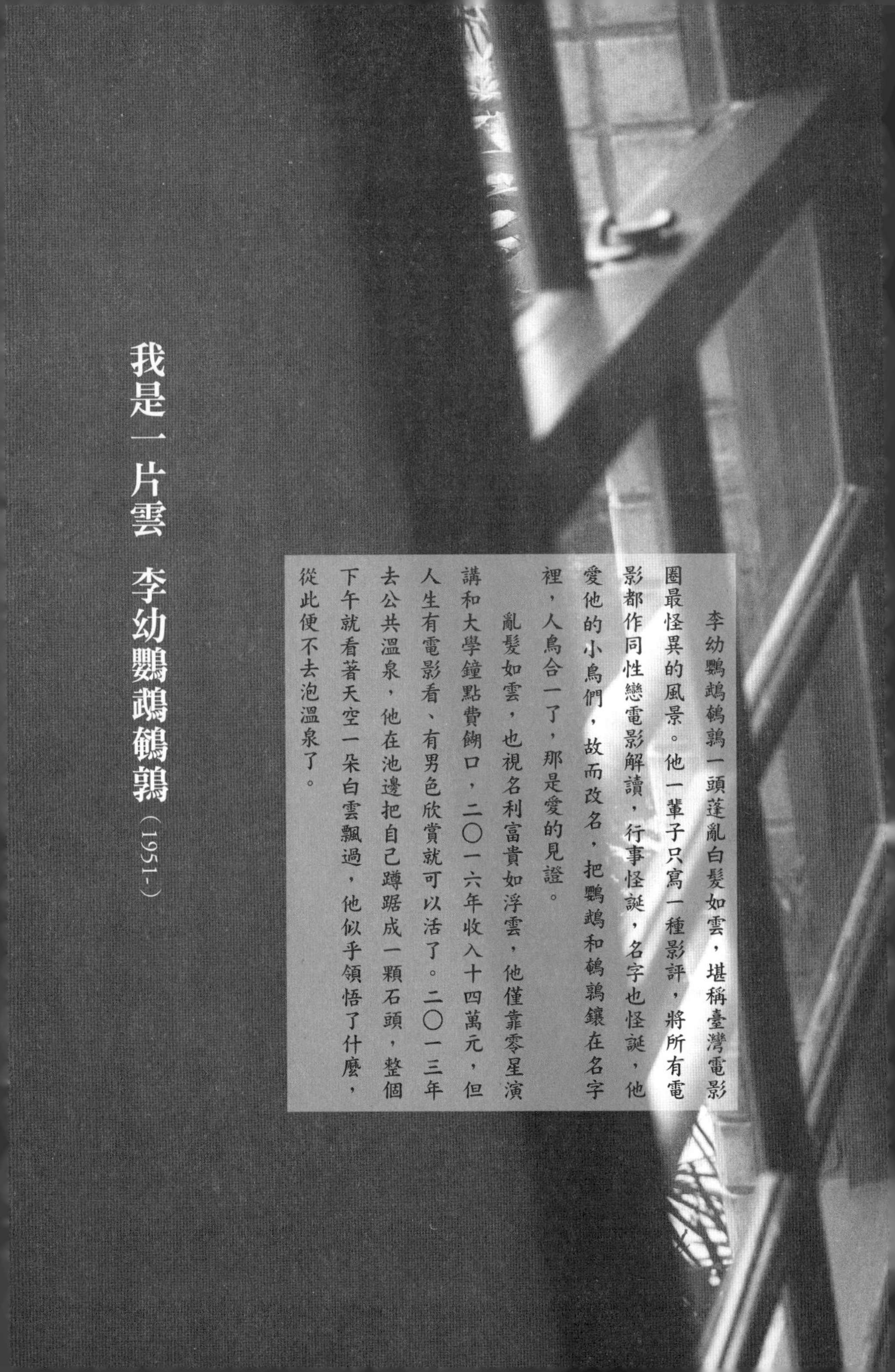

我是一片雲　李幼鸚鵡鵪鶉（1951-）

李幼鸚鵡鵪鶉一頭蓬亂白髮如雲，堪稱臺灣電影圈最怪異的風景。他一輩子只寫一種影評，將所有電影都作同性戀電影解讀，行事怪誕，名字也怪誕，他愛他的小鳥們，故而改名，把鸚鵡和鵪鶉鑲在名字裡，人鳥合一了，那是愛的見證。

亂髮如雲，也視名利富貴如浮雲，他僅靠零星演講和大學鐘點費餬口，二〇一六年收入十四萬元，但人生有電影看、有男色欣賞就可以活了。二〇一三年去公共溫泉，他在池邊把自己蹲踞成一顆石頭，整個下午就看著天空一朵白雲飄過，他似乎領悟了什麼，從此便不去泡溫泉了。

下午一點五十分，我站在西門町中山堂門口張望著，熱天午後，我等待的人還沒來。離約定時間還有十分鐘，但內心忐忑。受訪者不用手機、電腦，僅靠一個郵政信箱和傳真號碼與這個世界連絡，他會不會爽約了？會不會跑錯地方？活在當下，沒有Wi-Fi覆蓋的人生形同蠻荒。五分鐘過後，遠方飄來一個人，一頭醒目白髮，蓬亂及肩，彷彿一朵雲。

要當永遠的彼得潘

來者影評人李幼鸚鵡鵪鶉，時值解嚴三十週年，我們請他為荒唐的年代做見證，講他一頭長髮在西門町被警察攔下來強行剪去的往事。拎著兩個破爛帆布袋前來，他害羞地說：「你們待我太好了，我只是阿貓阿狗，不值得你們這樣勞師動眾。」語畢，自帆布袋撈出一疊影印的文件與資料，像政治犯受了冤屈而陳情著，嗓音細而尖銳，語調急促，說到忘情處，手中文件散落一地，我們蹲下幫忙撿拾，全是手寫的影評和日記，字跡娟秀，紙面乾淨，毫無塗改與錯字。他為自己講話雜蕪感到抱歉，說威權時代有諸多思想檢查，他講話必得這樣左閃右躲，東躲西藏。

本名李幼新的他說要當永遠的彼得潘，不肯透露真實年齡。他七〇年代念淡江法語系，與朱全斌、林洲民是同一代人，算算年紀，現在應當六十歲了。他與這群電影同好從離臺美軍那裡弄到雷奈、費里尼、安東尼奧尼片子拷貝，放映室裡，一道白光打在銀幕上，自此遁入電影世界，沒有別的人生。當年報紙影劇版仰賴電影公司供稿，導演與片名往往張冠李戴，他用自己找來的外文資料，屢屢去函糾正，寫著寫著就變成專職影評人了。

發表影評至今四十餘年，言必稱雷奈、費里尼，什麼電影都能做同性戀電影分析。早年他在志文新潮文庫出版《威尼斯坎城影展》、《名著名片》、《男同性戀電影》，書中偷渡活色生香的裸男照片，紀錄片導演陳俊志說：「臺灣的Gay，除了看小說《孽子》之外，大家一定有他那本書，從中嗅到男色、正面氣氛。」

迷戀男體貌美腰細

然而法令的銅牆鐵壁關不掉他對男色的耽溺，他慎重地問我們：「如果我說在一個陽光燦爛的白天，想在溫泉男湯大眾池做訪問，不會嚇到你嗎？」我說不會，他就順著說下去了，抱怨蔡明亮《無無眠》裡面安藤政信洗澡的段落，男孩沒有把包皮翻開來洗很不合理，又說美國和日本電影若出現男人背面全裸，怕陰囊晃來晃去，必然是夾緊雙腿走路，難看死了，不若歐陸電影的裸男來得自在。他長年茹素，但品鑑電影中男體，像咀嚼著一塊上等牛肉，不免好奇他最近一次性經驗是何時？他說沒有。「沒有是什麼意思？你沒有讓男孩的陽具放進你的嘴巴裡嗎？」「沒有。」「那你的陽具放到別人的嘴巴裡？」「沒有。」「進入？或被進入？」「沒有、沒有，通通沒有。」他淫蕩、他背德，然而，他仍是處男。

二十九歲苦戀一男孩未果，朋友替他召了男妓，「他問我要怎麼開始，我說我沒看過男孩子裸體，我的身體也沒被男孩子看過，也想讓他看，他脫了衣服，那樣美麗的男孩在我面前裸體，我太緊張了，沒幹什麼，看著看著，精液就流出來了。我過度耽溺在視覺。觸覺都退化掉了。假使今天一個男孩子要跟我做愛，我也不知道從何做起，我該握住他的陰莖嗎？這樣要我的手在他身體上上下下，我會瘋掉。」

青春期的他去舅媽家作客，舅媽為他準備了一床雪白簇新的被褥床單，夜裡夢遺，覺得羞恥，自此對性懷著巨大恐懼，「你不手淫嗎？」「以前不手淫，因為包莖過長，打手槍很痛，但現在開始了，因為怕攝護腺肥大。」他期待夏天，捷運上偶然見著了穿背心的男孩，看見了腋毛、若隱若現的乳頭，震顫如射精，彷彿活在一部春宮電影裡。「對愛情可還有憧憬？」「我迷戀容貌很美，腰很細的男孩，我總幻想著這樣一個男孩他不能忍受我，突然拿刀把我殺死。然後我生命中最後看到的就是那片美好。」

滿屋雜物現實脫節

男色美好，但若要他在陰莖跟鸚鵡必須選一個？「當然是鸚鵡啊。」他講得斬釘截鐵，口氣不以為然，彷彿我問了一個笨問題似的。他生活簡樸，早年買一塊資生堂香皂，介於紫色桃紅之間，半透明多美麗，他只在特定的時間拿出來洗臉，譬如每年的八月二十一日，因為是鸚鵡到他們家的日子，一九七九年八月二十一日。在這個世界最深刻的關係，除了母親，就是鸚鵡和鵪鶉。小鳥會跟他接吻、撒嬌，他愛他的小鳥們，像愛情那種愛，二〇〇六年，他改了名字，「我家的鸚鵡和鵪鶉會讓我忘記憂愁，牠們給我安慰，給我鼓勵，我把牠們的貢獻也放在名字上，這樣我們就合為一體。」我說那簡直是冠夫姓，他抗議：「我本來是叫做鸚鵡鵪鶉李幼新，但戶政事務所說姓不能改。」

姓不能改，但丟了父親給的名字，無異於哪吒割肉削骨，還諸父母。父親李維新生於清宣統三年，二〇〇五年過世，享壽九十五歲，母親嚴清華二〇一七年即一百歲了，依然健在。父母老來得子，年紀差距如祖孫，但父子一輩子都在吵架，什麼難聽的話都罵過。父親是一九四九年跟蔣介石來臺的職業軍官，他從小在板橋眷村長大，「我一直想解放我媽媽，希望她離婚，會讀書寫字，那時候外省女人可吃香了⋯⋯。」

母親是江蘇鄉間大戶人家，以為嫁到上海有好日子過，誰知做牛做馬，得外出工作，除奶奶和父親，還要養活伯伯、伯母一大家子。他對女性主義的擁戴，完全來自對母親地位的不平之鳴。成年之後，父母逼著他結婚，他說就算你們抓著我的陰莖放到女生的陰道我也沒辦法，我喜歡的是男孩子。結果母親聽完不生氣，怒視著父親說：「你看，就是你早年在上海尋花問柳，玷汙了許多良家婦女，遭報應，斷了子嗣吧。」

父親晚年去住養老院，父子遠著距離，感情反倒好了。母子與一群鳥相依為命，日子倒也愉快，他說有時候一早去外地演講，要母親叫他，「那時候去高雄搭臺鐵四小時，早上六、七點起床，我媽怕太早叫我，我會睡眠不足，太晚叫我，又怕我會趕不上火車，她會在黑暗中睜大眼睛，嚇得一個晚上不敢睡。」二〇〇八年五月，母親在鸚鵡與鶺鴒的房間跌倒，一群鳥看著她，訝異不出聲，媽媽知道他當天要開會，忍著痛不去叫他，辛苦掙扎，獨自爬了很久很久。老人怕跌，此後遷居安養院，他總是帶著鸚鵡與鶺鴒的照片去看媽媽，陪她說話，「這是好事，她從此不用擔心叫我而睡不著，也許，我真的是放過她了。」

他真是放過媽媽了，隔週，我們去他家，簡直不是人住的地方：門口一個大紙箱擺滿廢棄的雨傘三、四十把，推開門，一屋子舊報紙錄影帶雜物，堆疊到與人及肩的高度，中間窄窄的過道，地上葵花子殼和鳥糞。房間悶而燠熱，不透氣。三房二廳，只有鸚鵡與鶺鴒的房間有冷氣，因怕我們嚇到小鳥們，不許我們進去。書房和臥房，一樣堆滿報紙和文件，他在書本與報紙之間的峽谷打地鋪，睡在一襲紫色的毛巾被，「因為我很濫情。我讀不完的書、讀不完的報紙都不丟掉，累積起來都是大災難了。」

問他可知道李昂、張小虹的書放在哪裡？他指著房間一角落：「大概就埋在那裡了。」過期的報紙，一日一日堆疊，遂成時間的廢墟，他的現實人生全荒廢了。早年紙媒興盛，他還有影評專欄可以維生，二〇一四年《破報》停了，此後僅靠實踐大學講課鐘點費、零星的演講餬口。拿出二〇一六年的扣繳憑單，收入十四萬三千四百二十六元，加加減減，猶可退稅五千零三元。但是他的物欲極低，除了搭捷運、看電影，沒有別的開銷。臉上戴的眼鏡是高中配的，幾近解體，吃東西也省，一天兩餐，光吃蘋果和青花菜。

暴露身軀自虐紓壓

我們要他講話大聲一點，因為他裸體，身上沒地方可以別麥克風。對的，他裸體前來應門，說剛洗過澡，要用清白的身軀來迎接我們。他袒裎相見，唯獨年紀不肯透露。問媽媽幾歲生他？他馬上動念想到剛剛講了媽媽是一九一七年出生的，哼一聲，說他不會中計的。拒絕透露年紀。他以為一天吃兩餐，一輩子體重維持在五十二公斤，身形清瘦如少年，就可以青春永駐了。

他近年常有裸體創作，但裸體並非自信、自戀或自大，而是一種自虐，「強迫你們看我的裸體，像是看一個屍體，絲毫引不起你們的性欲，甚至瞧不起，覺得我真下流，這麼輕易就脫光衣服，跟男妓沒什麼兩樣。」他說他靠這樣的自我作賤來紓壓。是否也唯有惡狠狠地自己糟蹋自己，別人下手才不會這樣的重？至此，他終於揭露何以蓄髮的理由了：「因為我長得很醜。偶然有一天我發現我的頭髮遮住我的臉，人家就看不見我有多醜。等於說我的頭髮代替我的臉受過挨罵。」

陰莖裸男存活動力

問他愛自己嗎？他遲疑了一下，然後說：「一定是不愛的，不然怎麼會作踐自己，把自己的身體暴露給異性戀男孩看呢？我讓我的身體給別人看，不見得是快樂的事，是萬念俱灰，可是如果讓我看容貌很美，腰很細的男孩的陰莖和裸體，我會想活下去，那會是我活下去的動力。」他喜歡去公共溫泉，想像著許多男孩的屌圍著他的屌，尿道口像眼睛會笑，像嘴巴會說話，但二〇一三年有一天，他到公共溫泉，在角落把自己蹲踞成一顆石頭，整個下午，他就看著天空一朵白雲飄過，他似乎領悟了什麼，從此不去泡溫泉了。

那言論太哀傷，那房間太悶熱，我必須退到門外透氣，聽見他兀自與同事攀談著，他得知同事小我六歲，喃喃自語：「如果他六十六歲，你就六十歲，他九十六歲，你就九十歲了。」同事說他不想活這麼久啊，活這麼久一點意思也沒有，「我小時候原住民被叫山地人，我小時候想當女孩、後來喜歡男孩喜歡得一塌糊塗，當年這些都被打壓，現在都被包容了。」我在門外，完全沒想到這個厭世的男人，依舊給予這個傷害他的世界最真誠的祝福：「你們要長壽啊，這世界會越來會好，歧視會越來越少。」

——原文刊自《鏡週刊》第四十一期（二〇一七年七月十二日），熱愛鳥類的李幼鸚鵡鶉，現又改名為李幼鸚鵡鵪鶉小白文鳥。

照片提供：鏡週刊
攝影：王漢順

黛玉老了　張曼娟（1961-）

張曼娟二十四歲出版《海水正藍》，本是默默無聞的中文系碩士班學生，她在話劇公演扮林黛玉，出版社將她包裝成溫柔多情的才女，新書大賣五十萬冊，至此她也在臺灣出版暢銷排行榜封后，引領風騷三十餘年。

二〇一六年，她的父親思覺失調，母親失智，驟然家變讓人一夕老去。她從被照顧者變成了照顧者，打一場注定沒有人勝利的戰爭。黛玉老了，但五十七歲的她說人世間的情義都付出了，也都承擔了，年過半百，中途而已，面對人生的黃昏層層逼近，她有著前所未有的篤定而自信。

張曼娟說，人生裂縫始於二〇一六年一個夜晚，「那一天，我在外頭，媽媽打電話給我，說爸爸不能走，站不起來，血壓飆得很高，送醫院去了。我趕到急診室，爸爸要我拉張椅子坐在床邊，說不要急救，不要插管，好像交代後事。醫院椅子沒有靠背，我得把椅子往後推，推到牆角才有個依靠，我整晚沒睡，急診室此起彼落的哀號聲，那一次，我真切地感受，我的生活已經出現了很大的裂縫了。」

隔天，母親來交班，她與母親交談到一半，母親說要上廁所，一轉身就不見了。她每個樓層的廁所逐間逐間敲門，醫院找遍了，還是不見人影，急忙折回病房，父親嚷著要她回家，換母親來陪，「那一刻，我整個崩潰，哭喊媽媽不見了啦，你還叫我回家！」

那個晚上，一切都有了徵狀

母親後來是找到了，僅淡淡地說在醫院迷了路，張曼娟也沒細究，她心思都在父親身上。九十二歲的父親被診斷思覺失調症，那兩年內，父親有時白天會攔著她，說他快死了，不讓女兒出門，但父親不但能吃能睡，還會跟公車搶紅燈。後來，父親的病情用藥物控制下來了，但八十三歲母親又出狀況。母親人在家中坐，會抬頭問：「女兒啊，我們現在在旅館嗎？」衣著品味良好的母親穿著父親的西裝褲上街，「我事後想想，其實在那個晚上，一切都有了徵狀，母親失智了。」

人生何其沉重，但眼前的人回憶往事，說得輕輕柔柔的。張曼娟五十七歲了，剪了一個妹妹頭，頭髮烏黑亮麗，沒有染，一襲剪裁得宜的服裝和涼鞋，體態纖細，渾然看不出年紀，大概是當了三十餘年的暢銷女王，外貌和文字都得要收拾得漂漂亮亮的緣故。驟然家變，但她凡事只挑光明那一面講：「我很感謝上天對我的厚愛，我爸爸若早二、三十年發作，我成長過程一定很悲慘，我一定不是現在的我，我已經有包容接納這一切的能量才發生。我也很感謝我爸爸，撐到九十歲才發作。」

堅持寫下去，是最漂亮的反擊

假使臺灣出版史有暢銷女王的頭銜，張曼娟絕對可以競逐前三名。一九八五年，她還是中文系碩士班學生，出版《海水正藍》大賣，兩年內賣十餘萬冊（各種版本銷售至今達五十萬冊），《笑拈梅花》乘勝追擊一年賣五、六萬冊，她在校園戲劇公演扮林黛玉，文字美氣質佳，出版社把她包裝成文壇偶像，但書評輿論卻抨擊她庸俗，「他們說《海水正藍》對年輕人是一個戕害，這本書的流行意味著臺灣文學素養急速低落，但我唯一能做的事情就是堅持寫下去，只要我還在這裡，這就是最漂亮的反擊。」

寫作是最華麗的報復，她新書一本接一本，一九九二年到二〇〇二年，連續十年內高居金石堂書店十大暢銷女作家第一名，《海水正藍》被《中國時報》開卷版評為臺灣四十年來影響最大的十本書之一。暢銷的祕訣為何？「與其問我做對了什麼，你應該要問我有沒有做錯什麼？比方說，我沒有覺得我是暢銷作家，把自己放在一個高高的位置上，覺得那是自己的王座？這我不允許，我唯一能做的事情就是誠實面對文字⋯⋯。寫作的人要有社會責任，書能不能賣，能不能得到讀者的喜愛，那個無法掌握，我只是把自己的生命經驗跟別人去分享，或許有些讀者這二十年都沒讀過我後來的書，那沒關係，但我不希望他們後來，聽到我的名字會覺得：啊，這個作家就是壞掉了。」

當第三者是無可奈何的事，但不能想奪權。

倘若暢銷就是掌握社會情感最大公約數，那她必然察覺到長照是當今臺灣這個高齡社會最迫切的議題，她出版新書《我輩中人》成為上半年最暢銷的華文書，排行榜上另一本是龍應台寫給失智母親的家書《地久天長》，華文出版市場已然形成某種長照書寫，但何以這類的作者多是女性？她說，一來，家庭照顧在臺灣從來都是女人的責任；二來，女人的身體走著一個時鐘，她說：「一個健康女性會有將近三十年，每個月都有月經。她會很清楚地知道自己生命的脈動，到更年期，停經了，她失去了生殖的優勢，她很有警覺，去思索種種發生在她身上的一切。我一直以為，女人都會比男人更有危機感，也容易面對現實。」

暢銷女王自嘲自己老了，在大學課堂點名，喊著好幾聲「陳志國」，沒有回應，被臺下同學糾正是「王志國」，原來點名表上學生名單，字體像蝌蚪一樣的浮動，她把兩個人的名字看成一個了；她說她老花了，電腦稿件頁面比例得開到百分之兩百；電影院久坐，腳麻了。身體改變了，心態也是，早年苦苓演講笑說未婚女人高學歷高收入，就跟張曼娟一樣，是單身公害，她聽了悶悶不樂，但年過半百，她為讀者分享不同的愛情觀：「我在二十四歲的時候出書，當然會覺得妳不能成為第三者，但到了五十幾歲，覺得成為第三者是一件無可奈何的事情，而且人生只有一次，但妳偏偏就是愛上一個已婚的人，怎麼辦呢？那我就會跟妳說，如果妳是第三者，妳就安於做一個第三者，不能有奪權的心思，如果我是正宮，我會假裝不知道，比以前更加要求他給我一些東西，因為他有愧疚感。」

那精明世故的言論已經不是林黛玉，而是王熙鳳了，到底經歷了什麼，會有這樣的改變呢？「經歷了現實吧。如果遇見二十四歲那個寫《海水正藍》的自己，我會跟她說，妳呈現出來的世界非常美好，但是妳即將走入一個不那麼美好的世界，在那個更真實的世界，妳才能琢磨出一個更完整的臉。」暢銷女王不是讀者所想的那樣，也不是情人想的那樣。她曾經有很愛很愛的人，她累積了假期飛去異國，在他居住的海邊城市找了一個短租公寓，她買了掃把畚箕想把空間打掃乾淨，在乎形象的男人把這些東西攬在身上，回頭對她微笑，在這樣的愛與被愛之中，她覺得幸福。半年後男友跟她分手，因為「妳跟我想的不一樣」。

一個人生活，有比較多自我實踐的可能。

她至今單身，「我爸媽一直幫我介紹對象，大概到四十歲，但我會越來越覺得自己喜歡一個人生活，一個人生活有比較多自我實踐的可能。」女人需要自己的房間來寫作，這個房間同時也住著一對老父母，她快六十歲了，幾乎沒有離開雙親，連去香港光華新聞文化中心工作，都把父母帶著。她講話有一種少女的樣態，那是家有兩老，年過半百，還被當小孩對待：晚上十點還沒回家，查勤電話就來了，晚上十一點窩在客廳看電視，就被叨念著這麼晚了不去睡。然而父母一夕之間倒下，她也從被照顧者，變成照顧者，一夕老去。

「照顧老人容易，但照顧老去的父母是困難的，因為當家作主的還是他們。最近天氣熱，外面三十五、六度，但老人家的身體就是會失去很多的感受，我說媽媽妳要開冷氣嗎？她說我一點也不熱。」不能直接把冷氣打開嗎？「她會很生氣地說不肖子，妳是要凍死我嗎？」衝突屢見不鮮，最後總是她哭著妥協，在心裡罵自己是笨蛋。

久病床前無孝子，長照把照顧者和被照顧者內心的暗黑給引出來了，「所謂被照顧者，往往就是最不會想到照顧者需求的人，我們往往看得到被照顧者的身體，但看不到照顧者內心失能的狀態，睡覺不能好好睡，飯不能好好吃。」父親轉診精神科，憤怒拒藥，張曼娟只好把他帶回家，一回家，父親就說他要離家出走，張曼娟說：「你不用走，我走。」父親發病後，父女衝突不斷，她已有固定去的小旅館，那一陣子，她必得借助安眠藥才能入睡。

我們記得妳有一個弟弟不是？「父母親是我在奉養，我曾經以為，如果有一天，父母親生病，我力有未逮，會有人出手支援，但其實是沒有的，開始的時候會覺得憤恨不平，會覺得哪裡有這個道理……。」提及家務事，她說得隱晦，旋即換一個聲腔，又是暢銷女王，凡事只看光明面：「現在獨生子女非常多，他們沒有手足可以幫忙，那他們要怎麼面對這個狀況？我作為一個寫作者，上天也許就是給我這個機會，去體驗他們所體驗的。」至此，我們才明白原來暢銷就是把眾人的事當自己的事來寫。

她的一天是這樣過的：七點起床，做早餐；八點，母親起床，幫她洗頭洗澡，安頓兩老吃飯，陪著父母跑醫院、買菜；下午把父母托給印傭，外出演講工作，處理張曼娟小學堂的事務；晚上再趕回家照顧父母，晚上九點父母睡了，短暫幾個小時才能讀書寫作，而這一刻，已經沒有誰會在她耳邊碎念「怎麼還不去睡了？」

不希望任何人類來照顧我，這很不人道

照顧兩老，日復一日，自己也變成一個老人了。老之將至，不想找個老伴嗎？她說，少年夫妻老來作伴，一方健康出了狀況，照顧是心甘情願，但沒有那樣情感記憶和基礎的陪伴，跟長照二．〇又有什麼不同呢？「當我們花了太多時間等待別人替我們做什麼，也許自己起身去

做，就做好了。等待別人來滿足我們，其實是一種生命的浪費。」

她當然相信愛，愛有各種形式，她身邊有不錯的朋友，但不超過十個，下半場，若還可以走的話，她希望可以跟這些朋友去旅行，去更多美好的地方，若走不動了，也許那時候已經有很好的看護機器人被發明出來了，「也許二十年之後，我可以跟一個機器人作伴，因為我不希望任何的人類來照顧我，照顧這件事情很不人道。」

她斷言自己會孤獨死，她完全接受了老這件事，她放棄了隱形眼鏡，不想在臉上施打任何的東西，想自然地老去，但眼前的她分明是刻意做了打扮的，忍不住地吐槽：「妳這跟女明星一樣討厭，明明很瘦，但說自己不忌口；說不在乎外表，但卻穿了漂亮的衣服！」「老了總得讓我還保留點樂趣吧。」

——原文刊自《鏡週刊》第九十七期（二〇一八年八月八日）

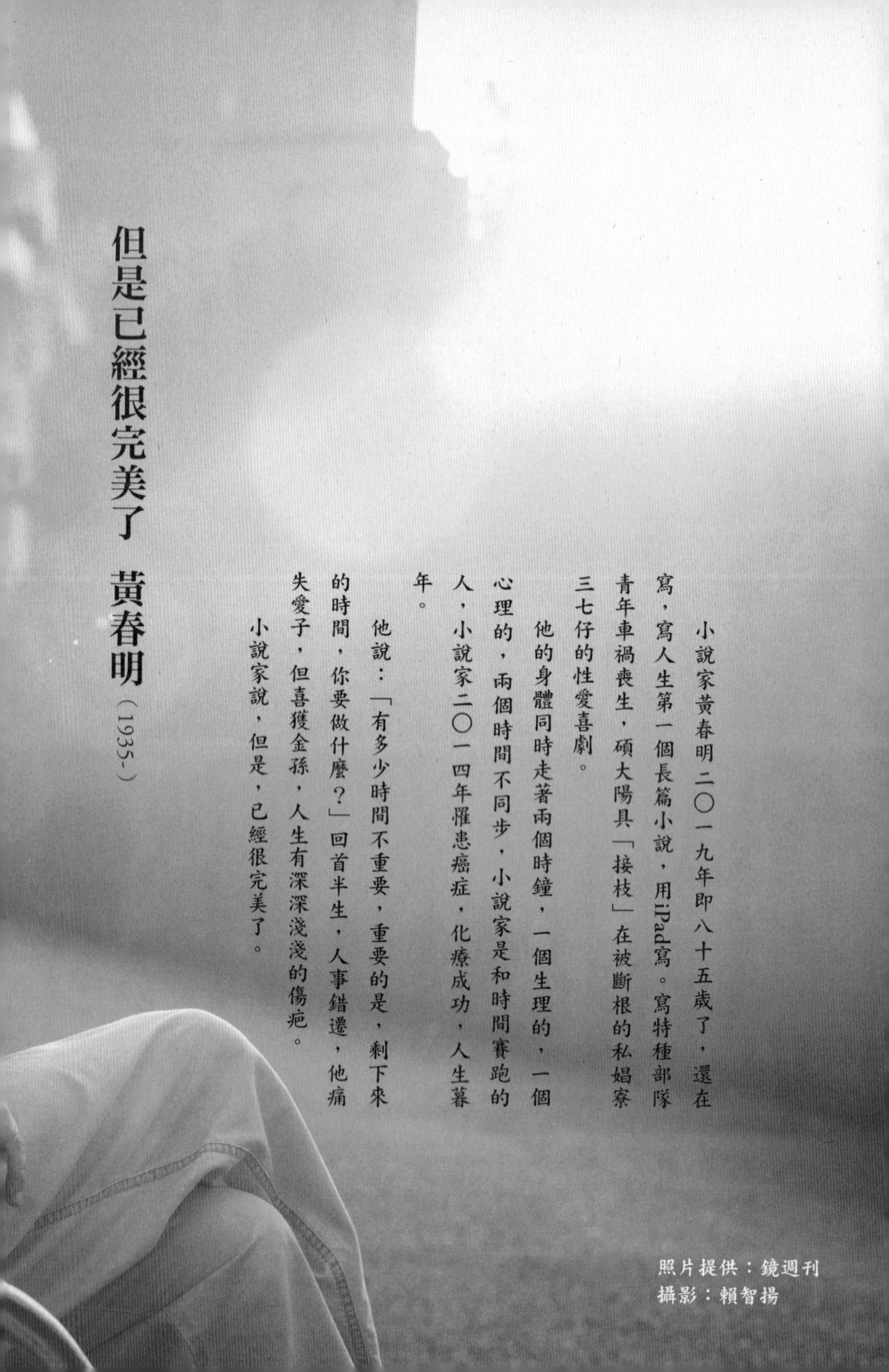

但是已經很完美了　黃春明（1935-）

小說家黃春明二〇一九年即八十五歲了，還在寫，寫人生第一個長篇小說，用iPad寫。寫特種部隊青年車禍喪生，碩大陽具「接枝」在被斷根的私娼寮三七仔的性愛喜劇。

他的身體同時走著兩個時鐘，一個生理的，一個心理的，兩個時間不同步，小說家是和時間賽跑的人，小說家二〇一四年罹患癌症，化療成功，人生暮年。

他說：「有多少時間不重要，重要的是，剩下來的時間，你要做什麼？」回首半生，人事錯遷，他痛失愛子，但喜獲金孫，人生有深深淺淺的傷疤。

小說家說，但是，已經很完美了。

照片提供：鏡週刊
攝影：賴智揚

小說家黃春明善寫老人，青番公、甘庚伯、城仔落車老阿嬤……他小說中的老人卑微渺小，卻有生命力，而小說家寫著寫著，忽然就活得比他小說中的任何一個老人還要老。

耄耋之年　身強體壯

小說家二〇一九年即八十五歲了，還在寫，寫長篇，用iPad寫，寫特種部隊青年車禍喪生，碩大陽具「接枝」在被斷根的私娼寮三七仔身上，引來各方人馬覬覦的黑色喜劇，書名就叫《跟著寶貝兒走》。小說家日前舉行新書座談會，座無虛席，會後讀者湧上索取簽名，出版社疾呼小說家年事已高，只署名，不提字，但小說家有求必應，熱情讀者將他團團包圍，他簽得滿頭大汗，索性扒下襯衫，就穿著一件背心振筆疾書。

小說家身體可真硬朗，座談會隔兩天，我們到府專訪，小說家和他的妻住士林外雙溪畔的老公寓，沒電梯，每天上下樓梯爬五層樓，且日日於河邊健走兩公里。大兒子黃國珍勸家中二老搬家，但他總有一百個理由拒絕。

訪問開始第一分鐘，我們當然先問小說家創作契機，何以在八旬高齡甘冒被譏「老不修」的風險，寫這樣活色生香的故事？但一九三五年出生的小說家卻從日治時代的童年開始講起，講國民黨政府的國語文教育和三七五減租、目睹美援時期臺灣社會之怪現狀，一講就是四十分鐘，毫無間斷。

小說家岔題，我們著急了，但小說家追憶往事，擠眉弄眼，比手畫腳，岔出去的小徑充滿細節。宜蘭長大的農家子弟講他如何在一個夏天學會抓蜻蜓；講小學第二節課，肚子餓了，如何偷吃別人的便當；講伐木重鎮羅東的老百姓懂得用檜木木屑燒材煮飯，火車經過羅東，空氣中都有濃濃檜木氣味，小說家說故事，好聽得不得了。

求學波折　暴起暴落

他先是說故事的人，才是一個小說家。文學評論家大前輩尉天驄說：「早些年辦《文學季刊》（一九六六年），七等生說他有一個朋友能寫，我說：『好啊！你帶他來。』結果七等生帶來一個人，看上去土里土氣的，低著頭也不講話，劉大任開玩笑地說：『老七帶來這個朋友大概不大行。』可是輪到他開始講話了，他講求學被退學的故事，活靈活現，就把我們給拿下了。他一講完，姚爺（姚一葦）說：『今天發現一個真正的作家，大家握握手。』我們就是這樣認識這個土蛋的。」

我們和小說家的訪問進行到一個小時二十八分，將會聽到頑童退學的故事：「中學成績單貼在公布欄上，我怕喜歡的女生經過看到，會很沒有面子，跑去把成績單撕下來，就被退學了。我被羅東中學退學之後，又被中正中學退學，跟後母處不好，離家出走，跑到臺北一家電器行當學徒，到妓女戶修理電風扇，做很多事。考上臺北師範之前，社區裡大人罵小孩子，都會說：『你毋通親像春明欵按捏，兩間學校讀到被退學，今嘛又擱離家出走，伊毋知抵叨位。』待考上師範後，敢跟家人聯絡，大人罵小孩的內容又改：『人彼個春明多用功欵，你嘛多學學。』我的行情好像股票一樣漲很高，結果我被臺北師範退學後，股價又暴跌。」

小說家求學一波三折全因「桀驚不馴」四個字，這樣性格的人當老師自然也不是太安分，二十三歲，他屏東師範畢業，當了三年國小老師，發現志趣不合，退伍後跑去中廣宜蘭臺當廣播主持人和記者，結識了同期當播音員的老婆林美音，兩人相戀結婚，三十一歲，他又跑到臺北廣告公司謀職。其時，有個廠商賣一款叫「雅力」的外國鞋子，那個年代最夯的品牌是「中國強」，他獻策說，不如把外國鞋的名字直接音譯，好聽又好記，廠商問什麼名字？他答：「愛迪達。」是了，我們現在琅琅上口的愛迪達就是出自他的創意。他還懂得贊助省運會明星每人一雙鞋，帶動流行，一鞋難求，連傅達仁都跑來請他幫忙弄一雙穿看看。

攜兒寫稿　生活入書

他五進五出廣告公司，臺灣第一家超級市場「西門超市」是他策畫的，他賣過便當，也拍過紀錄片《芬芳寶島》，他騎著機車，攝影機夾在大腿間，邊走邊拍。晚近，他籌辦黃大魚兒童劇團，創立文學刊物《九彎十八拐》雙月刊。他有源源不絕的創意，講起腦海那些不被採納的創意，至今還是扼腕：「我們刷牙嘛，再怎樣也沒有用手指頭靈活，所以我想說可以發明一個指尖套，哪裡刷不到，就用手指頭去摳，哪有可能不乾淨？還有，美國人養狗很普遍，但我們可以DIY狗屋，外銷到美國，那時候民國五十幾年，我沒錢，也沒人要做。」

有創意的人不愁這世上沒有容身之處，但他只願意在小說裡安身立命。早年，投稿《文學季刊》是沒有稿費的，但小說家甘於在明星咖啡館，一個字，一個字，心甘情願慢慢地修改。大兒子黃國珍回憶：「大概我念幼稚園的時候，我父親常帶我去明星，他給我點一杯牛奶，給我畫筆跟一疊圖畫紙，自己在一旁就寫起來，心無旁騖，一寫就是一整天。」小說家創作也並非閉門造車，小說草創階段，他會把故事說給親友聽，從朋友臉上的表情、反應，決定哪些段落該刪、哪些該留。他創作不用艱澀的字眼，全然口語，文字有畫面感，故而八〇年代臺灣一班新銳導演爭相改編其作品：《兒子大玩偶》、《蘋果的滋味》、《看海的日子》，部部叫好又叫座，說他是IP鼻祖也未嘗不可。

問小說家創作祕訣，何以老少咸宜？他說小說要從生活出發，他用電影鏡頭語言做譬喻：「一個時代的消失，不能Cut in一刀剪去那樣直接了當，時代是Fade in和Fade out，淡入和淡出之間有模模糊糊的重疊，那不是NG，兩個時代的重疊最迷人，也最豐富。」年輕時成名作《跟著腳走》，現在《跟著寶貝兒走》，其實還是反映時代，故而發大財的政客、開藍寶堅尼的媽寶、浮濫的文創產業全都被他寫進小說，「我八十五歲了，跟我爸爸的八十五歲，爺爺的八十五歲是不一樣的，這個小說是反映當下男女的性觀念。我對時代是悲觀的，但你不要說悲觀就放棄，寫小說要對自己有交代，寫作不要欺騙自己的感情，自己都不感動，稿子寫好就撕掉嘛！」

罹癌化療 持續工作

小說家謳歌時代的夾縫中辛苦生存的小人物，自己也沒有被時代的巨輪碾壓，但二〇一四年，小說家被檢查出罹患淋巴癌，「別人是愣了一下，我是愣了一個禮拜，外人看來是這樣，其實心裡頭從來就沒這麼複雜過，什麼事情，連以前都不曾想過的事，全都湧上心頭，擠壓得令你發呆不欲言語，害親戚朋友和家人為你擔心。」化療中，小說家寫了一小段話，還弄了小插圖，插圖是一個老灰仔（老先生）走了很遠的路，他累得走不動了，就坐在石頭休息，他問時間之神，他還有多少時間？時間之神說，還有多少時間不重要，重要的是，剩下來的時間，你要做什麼。

他要做什麼？他要寫作，於是他寫信給十年後的自己：「你說人老了，如果沒失能的話，最好做一點什麼，不要成為家庭的包袱，不然所謂的幸福指數就會減低。這一點我可以證明，你陸陸續續還在寫小說、寫童話、做插圖、編兒童劇和導戲。人家勸你不要太勞累，要量力而為，那也是你病後自己的心得。現在你卻說，能在工作中猝死的話，那才是死得其所。」

小說家取來iPad，展示他如何用備忘錄，一筆一畫地寫，我們瞥見平板目錄還有新作品即將問世，讚他創作力豐沛不輸少年郎，小說家要我伸出手來，用力一握，痛得我叫聲出來，他臉上全是喜色：「我年輕打橄欖球的。」但小說家未曾對我們言明的，是他使用iPad並非跟上時代，而是化療之後，手指沒有力氣，提筆寫字太艱難，小說家座談會那天回來，形同虛脫，乾嘔，「他心智還沒到八十，但身體的功能已經八十幾了，這樣的身體可能是一種監牢般的限制。」小說家的身體同時走著兩個時鐘，大兒子黃國珍不捨地說，他和時間賽跑，全為對讀者有使命感：「他是好好先生，之前他不是因為堅持環保，說重話一輩子不走雪隧？是因為宜蘭縣政府透過他的工作室邀請他演講，工作室忘了聯絡他，那天早上八點縣政府打電話給他才知道，他急急忙忙開車，破戒走雪隧，赴演講現場，自己對自己的諾言，沒有對讀者的承諾重要。」

因為對讀者有承諾，於是他又對十年後的自己說要好好保重身體：「老了，看開一些，世界寬暢得很哪。身體能動就活動活動。對了，不要想搬家，你現在住的地方，是很多人求之不得的，一下樓就是河濱公園，早晚在堤防上走走，不只運動，連創作靈感都會冒出來。對了，少吃甜食。」

愛子自殺　哀戚追憶

訪問進行到二小時五十分，小說家妻子拿出茶點張羅，他催促著我們吃，說牛舌餅很好吃。我們反問，他告誡自己不要吃甜食，現在忌口了嗎？未料小說家又岔題講起二兒子：「卡早阮彼個黃國峻猶擱在的時陣，阮想伊愛呷土豆糖，從宜蘭會加減帶一點回來，伊愛呷，阮嘛愛呷，結果伊有一擺生氣啊，講：『爸你以為我愛吃嗎？是你不能吃這麼多，我想我盡量多吃一點，你就不能吃了，我不愛吃花生糖。』」

小說家二兒子黃國峻亦是小說家，二〇〇三年六月二十日自殺身亡，享年三十二歲。小說家深受打擊，一年之後寫下短詩〈國峻不回來吃飯〉：國峻，我知道你不回來吃晚飯，我就先吃了，媽媽總是說等一下，等久了，她就不吃了，那包米吃了好久了，還是那麼多，還多了一些象鼻蟲。媽媽知道你不回來吃飯，她就不想燒飯了，她和大同電鍋也都忘了，到底多少米要加多少水？我到今天才知道，媽媽生下來就是為你燒飯的，現在你不回來吃飯，媽媽什麼事都沒了，媽媽什麼事都不想做，連吃飯也不想。國峻，一年了，你都沒有回來吃飯。

不知他會岔題，開啟這樣哀傷的話題，我們連忙要他喝口茶，顧左右而言他地問今天睡了午覺嗎？「沒有，我這個人過美國時間，都是早上睡。說不要想，不要煩惱，才能好好睡覺，都是廢話，情緒的腿並不是長在我們身上，不是你叫他不要走，他就可以不要走。」作家跟著情緒走，他又岔回黃國峻身上：「伊那個《麥克風試音》法文版再版，有瑞士評論家寫文章，說看這個人的小說，就知道這個人會自殺，他舉了一些例子，我們怎麼就看不出來咧？」時間已近傍晚，在漸漸昏暗的房間，他喃喃自語，口氣像是自責又像惋惜：「國峻對愛情真的很專情，都站在女性的立場著想，我們有時候在講一些事情，我沒有要跟他爭論，他就氣得要命，講到哭，伊足愛哭欸。」

金孫出生　治癒傷口

小說家已非面對訪問，而是困在自己回憶中不肯離去，突然門外有動靜，原來是寶貝金孫回來了，哀傷的小說家突然堆下笑，得意地對我們介紹寶貝金孫，說他五年級了，能讀艱澀的書，聰明得不得了。旋即又不捨地看著寶貝金孫問：「今天上體育課嗎？怎麼看起來很累的樣子啊？」連忙要小說家妻子張羅點心給金孫吃。

黯淡的房間因為突然闖進來的寶貝金孫而有了光芒，金孫化解我們的尷尬，也治療了他的爺爺，側訪時，大兒子黃國珍說：「弟弟離開那幾年，家裡很沉，不是說開心不開心，而是老人家很大的時間放在思念上面，思念會讓人的步調緩下來，會讓人失去積極的力量，但我記得我跟我太太生第一個孩子，兩個老人家生命又有一個目標，那一天早上六點半出生，他們迫不及待就趕去了，爸爸說抱到小Baby那一刻，全身像是通了電。我想那是一種能量充電了。」是了，我們於是想起充滿電的小說家又寫了一首短詩〈但是已經很完美了〉給金孫，那首詩是這樣說的：

我的心曾經失去一塊肉，你卻來給我補上，雖然在傷口還留有痕跡，但是已經很完美了。

——原文刊自《鏡週刊》第一六八期（二〇一九年十二月十八日）

那棟北市辛亥路的房子是稿紙糊出來的：已故朱西甯、劉慕沙夫婦、長女朱天文、次女朱天心、女婿謝材俊、孫子謝海盟，以及么女朱天衣，三代出七位作家。朱家姐妹專挑最棘手的議題，譬如族群認同、動保，和胡蘭成。

胡蘭成因與張愛玲一段失敗的婚姻，變成「渣男」代名詞，姐妹倆仍竭力擁護。兩人早年受胡蘭成影響，辦《三三期刊》，與眾花樣男女在戒嚴的大觀園吟哦故國山河，

照片提供：鏡週刊
攝影：王漢順

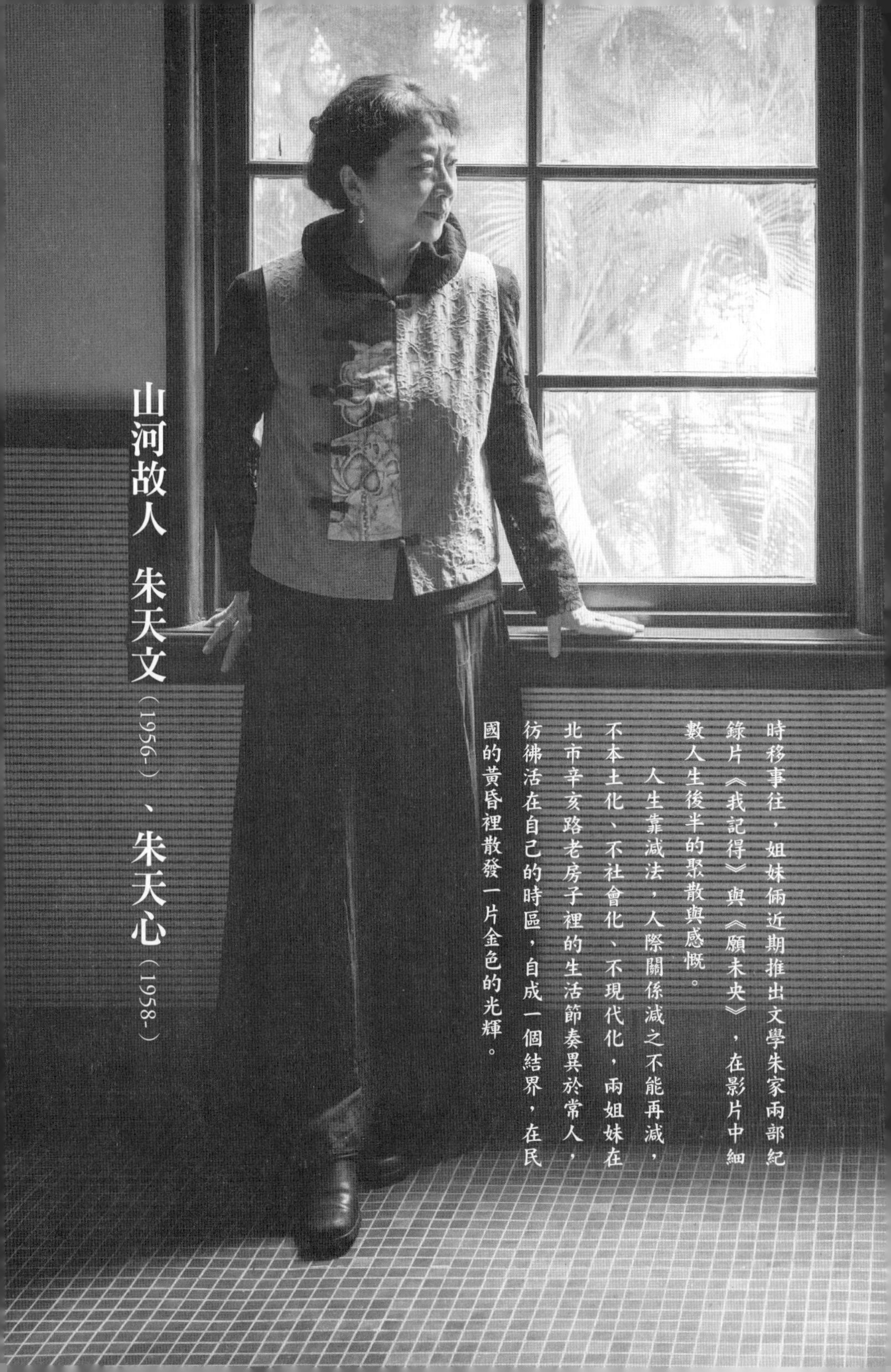

山河故人　朱天文（1956-）、朱天心（1958-）

時移事往，姐妹倆近期推出文學朱家兩部紀錄片《我記得》與《願未央》，在影片中細數人生後半的聚散與感慨。

人生靠減法，人際關係減之不能再減，不本土化、不社會化、不現代化，兩姐妹在北市辛亥路老房子裡的生活節奏異於常人，彷彿活在自己的時區，自成一個結界，在民國的黃昏裡散發一片金色的光輝。

一度，那棟老房子是與明星咖啡館同等華麗的文學場景，林懷民、鄭愁予、三毛等文學大咖進進出出。時移事往，那房子紗門破了不補，屋簷下的大蜘蛛網不清，九重葛藤蔓將近五十年的老房子團團包圍，老父骨灰罈在家中一擺就是十七年。影片中，那位在北市辛亥路，鄰近第二殯儀館的房子看上去，倒像是《倩女幽魂》裡的蘭若寺了。

朱家的蘭若寺裡，還住著胡蘭成

那房子是已故作家朱西甯、劉慕沙夫婦的家，現下住著長女朱天文、次女朱天心、女婿謝材俊、孫子謝海盟，加上天天上門幫忙抓貓餵藥打針的么女朱天衣，三代人出七位作家。和碩董事長童子賢投資《他們在島嶼寫作》，企圖用影像寫臺灣文學史，這個用稿子糊起來的文學朱家自是他力邀對象。

「島一、島二都有來邀請，但我們不想就是不想嘛，我們面對攝影機會尷尬。是二〇一七年吧，母親過世，整理遺物時心想這一頁翻過去也就翻過去，好吧，那就來吧。」朱天文稱母親過世讓兩姐妹點頭答應，紀錄片二〇一八年開拍，未料故事繁浩，影片一分為二，父母的愛情故事《願未央》由朱天文統籌，而她和妹妹的半生故事《我記得》則由相識四十年的作家老友林俊穎操刀。

朱天文人稱「文字煉金術士」，《巫言》中家常生活的柴米油鹽在她筆下被打磨得熠熠生光，但影片中的文學之家，廚房流理臺門板垮了不修、餐桌上咕嚕咕嚕煮著火鍋，貓咪酣睡一旁不去驅趕，生活全然不修邊幅。小說家對此倒是坦然，「唉喔，是心有遠志吧，沒時間打點家務，也心不在此，這是父母親的身教吧，也不是說要奉行儉樸的生活，就是自然而然沿襲父母的生活方式，我們更在乎精神生活，或者應該說這個屋子制約了我們吧。我的房間窗子看出去，對街是胡老師房間，他民國六十五（一九七六）年，從四月住到十一月……。」小說家惜物，近二十年穿來穿去都是同一件袍子，一開口就是《莊子》和《史記》，措辭優雅而考究，然而口氣熱情，笑聲爽朗，說那對街房子住過胡蘭成、拒絕聯考的小子吳祥輝，還有誰誰誰，一開口就回到了過去。

不本土化、不社會化、不現代化，老房子裡的姐妹倆生活節奏異於常人，彷彿活在自己的時區。細數過往出沒家裡的父執輩，年過六旬的姐妹凡說到「叔叔」，還是跟幼童牙牙學語一樣，念成「嘟篤」。

姐妹仨念父母情書，彷彿把少年夫妻念活

影片中，三姐妹夜裡齊聚客廳，念雙親婚前通信，一九四九年，國共內戰，念杭州藝專的朱西甯投筆從戎，隨孫立人將軍來臺。一九五三年某日，見報刊載一則新竹女中網球賽事，選手名字與初戀情人相同，他既驚且喜，尋思莫非情人亦來了臺灣？他給女孩選手寫了熱情信

件，女孩不知所措，閨密幫她回了信。那閨密就是劉慕沙，兩個人談文學、談未來，一年半載魚雁往返百餘封信，近三十萬字。劉慕沙愛上了朱西甯，然而二二八事件後，外省大兵和苗栗望族閨秀談戀愛不見容於當下社會，尤其是劉家大哥只不過讀了幾本禁書，就被送到綠島管訓，劉父揚言：「女兒若敢嫁外省人，不如剁剁餵豬吃。」劉慕沙唯有私奔鳳山投靠朱西甯……。姐妹仨念父母情書，彷彿念著念著，就會把少年夫妻念活了。

「那是一個鬼影幢幢的房子，只要肯好好面對回憶，他們都在。」年過六旬的朱天心讀信，見二十出頭的年輕男女講文學大夢，恍惚的剎那，有變成他們前輩的錯覺，「覺得他們好天真、好幼稚，簡直不知道人世險惡，我甚至覺得要是他們知道後來的世代是這樣，還敢活嗎？敢選擇文學這一行嗎？」

後來的世代是什麼樣的世代不敢活？後來的世代是文字貶值、紙媒式微的世代，報紙上寫字的公共知識分子，被社群媒體上的KOL排擠，文字在臉書傳播效應是當時報紙的二分之一，縮小成四分之一、十六分之一，但恨意卻兩倍、四倍擴大到十六倍。朱天心在咖啡館讀書寫作，也頻頻走上街頭，聲援流浪動物、移工、原住民權益。二〇二一年核四藻礁公投，她在公開場合疾呼那過程過於粗暴，呼籲反獨裁、反威權，未料演說被掐頭去尾，去了脈絡，只剩下標題「作家同意四大公投」在網路擴散。與她提及此事，話未說完，她自己就接過去說：「我就是一個蕭婆（瘋婆子）啊。」

三十三年夢的身體，藏著年少時的不馴服

專訪於一個春寒料峭的雨天中進行，朱天心抵咖啡館一坐下，就從包包取出吸入器放桌上明顯處，笑稱那是奶嘴，是她安全感來源，要不這種溼冷天氣，氣喘都好不穩定。她頂著濃濃的鼻音解釋，勞工團體有「秋鬥」遊行，規模逐年冷清，二〇二二年從南部走上來才三個人，那畫面太悲慘，她也顧不得身體不好，卡了一個時間去參加。話被斷章取義自己不能掌控，可若為此瞻前顧後，未免寸步難行，「人生苦短吶，為什麼要怕得罪這個？得罪那個？黃錦樹在私信質疑我『為什麼覺得自己做的事情是對的？』當然，我可能是偏見，但當社會主流的聲音強大到這個地步，你怕一個偏見做什麼啊？要是社會一致性到一個程度，不是很荒涼？很可怕嗎？」

朱天文說妹妹「熱烈的揚善，也熱烈的揚惡，往往是家裡的問題製造者」，二〇一五年，朱天心發表《三十三年夢》，三十一個章回，回回皆是京都遊記。遊記始於一九七九年五月，二〇一五年五月停筆，她寫京都旅途種種見聞，也寫人生旅途的聚散匆匆，楊德昌、吳念真、詹宏志……。說誰買名牌包不手軟，誰的心靠資本家，能得罪的，不該得罪的全都給得罪了。回憶錄的時序接續著那暢銷四十萬冊的《擊壤歌》寫起，口氣熱烈，愛憎分明，還是當年那個小蝦米。一支筆保養三、四十年，筆鋒依舊銳利，問她是否刻意為之？「不變是那個不馴服

吧，但我的不馴服在年輕時以一種很幼稚的方式呈現，例如惹怒教官、翻牆蹺課，就是不肯跟大家一樣。我那個不馴服至今還在，但是到《三十三年夢》才發現，大家能接受的是年輕時的叛逆，但到了中老年還叛逆，妳啊，真是討！人！厭！」

她嚴以待人，也律己，至今仍在的那個不馴服，是不向資本主義靠攏，居陋巷，一簞食一瓢飲，近乎「破落戶」的生活型態，其理由乃因為年輕說了不少大話，讀者聽了，若生活順遂那沒事，但若聽了她的話，生活不如意可怎麼辦？「我得對當年的讀者負責，我不能過得比他們好。」

就像舒淇殺張震，決裂時不會不明不白

「那個充塞著笑語的房間，文壇。我是偶然經過，看見哪兒明亮，被友善的手招呼進去吃頓飯的。」《三十三年夢》被點名的作家黃錦樹，亦撰文回敬，文章提及因他寫書評文章受兩姐妹提攜，介紹評論家王德威給他認識，朱天心、謝材俊也像兄姐照顧弟弟那樣照顧駱以軍，明的暗的幫了不少忙，若有飯局，為怕別人搶付錢，她們都是偷偷先結了才吃飯。文章名稱就叫《一個關於盡頭的故事》，而不管撰文的黃錦樹，或文章被提及的駱以軍，他們的友誼都到了盡頭。

向朱天心提及該文，說黃錦樹那文章裡可是真真切切的傷心欸，「我會很樂於講，如果時

間夠的話。我不是舊約裡的耶和華，喜怒無常，不是的，我在私信裡告訴駱以軍，我們何以走不下去。像是《聶隱娘》舒淇殺張震，會讓他知道她是誰，何以要殺他，不會讓人死得不明不白。我很害怕被誤解，也怕誤解人家。」再講下去就是他人隱私了，我把話題繞開，誰知申論了兩、三個話題，她又繞回來，要我給她三分鐘，解釋她何以跟這些人、那些人決裂，「我是打從心裡覺得時間不多了，還瞻前顧後什麼呢，這樣好不快意。歸結這二十年來的人生心得就是我一定要對好人很好，對壞人超壞。」

朱天心的友誼是有季節的，有些人的情分如枯葉一樣，蕭蕭落下，但也有些新的友誼在近年冒出了新芽，譬如紀錄片《日常對話》導演黃惠偵。黃惠偵二〇〇九年參加三鶯部落抗爭，結識朱天心，她說朱天心並非露個臉，喊個口號就回去，至今仍不間斷出席活動。有些活動辦在下雨冬夜，她不顧氣喘，照樣出席，撐完全場。黃惠偵去朱家作客，朱天心翻箱倒櫃，拿出好吃的食物、好看的書給她，睡到很好睡的蠶絲被，也不忘買一床給她寄去。一日，黃惠偵在聊天中，與姐妹倆提及正在拍攝《日常對話》，日本ＮＨＫ有意出資與她合作，但苦於她是個體戶無法與外國公司簽約，她只是隨口說說，未料回家就接到導演侯孝賢電話，阿莎力地說就用他的電影公司名義去簽約吧，她知道，必然是天心、天文跟侯導講了，「假使我在生活中懂得照顧到那些比我弱小的人，那也只是我單純地把被天心照顧的心意Copy給了其他人吧。」

人生暮年，與跨性兒進青春期親子修煉場

少年時期受胡蘭成影響，姐妹倆辦《三三期刊》，花樣男女在戒嚴的大觀園吟哦故國山河，簡直是《紅樓夢》前八十回，《三十三年夢》二〇一五年發表，至今七年過去，湊足後四十回。姐妹倆人生下半場，生活靠減法，友誼、物欲減之不能再減。二〇〇四年，朱天心也因為咳了兩、三個月的重感冒，喪失嗅覺了。寫作者敏感，用自身眼耳鼻舌身，去感受這個世界的色香味觸法，故而能寓記憶於嗅覺，寫出《匈牙利之水》。失嗅，等於和過往斷了一個橋梁，也等於死去了一部分。

問朱天心失嗅跟她偏執地召喚往日時光可有必然關係？她說不確定，但可以確定的是食不知味，因為補償心態，反而食量變得更大了，「有一次掛急診，打大量類固醇，嗅覺短暫恢復一個禮拜，我把我熟悉的一些味道拿來聞聞看，但那個嗅覺的恢復不是整體的恢復，就恢復個四、五成吧，聞得到的都是臭味，一個禮拜之後，再度失嗅，算自我安慰吧，只得告訴自己這個世界臭味比香味還要多。」她自嘲地說：「海盟因為打賀爾蒙，公鴨嗓，說自己像青春期男生，很臭，但我慶幸我聞不到了。」

謝海盟打雄性賀爾蒙這件事是這樣，他於二〇一八年摘除子宮，成功跨性別，獲得一個新的男孩的身體，「我們已經不來往三年了，決裂不說話了。海盟現在留了一臉大鬍子，很得

意，他不願見那些看過他女孩面目的人，亞斯伯格人，這點很執拗。我現在只能某種程度保護自己，不被他的情緒波動。」六十四歲的媽媽與三十六歲的兒子，到人生暮年才進入青春期親子關係的修煉場，「我每天去散步，玩寶可夢打道場，那路線都是他帶我走過的，我很怕看到他，有一次碰到他，他真是擦肩而過，把我當陌生人了。」

朱天心是五十級的高手，在手遊裡已玩到頂巔，她始終記得開始玩寶可夢是川普當選美國總統那一天，兼以那天有一隻鍾愛的老貓過世，她遁入遊戲世界，玩一玩就忘記憂傷了。她不打大師聯盟，只喜歡把班吉拉斯、吉利蛋等鍾愛的怪物養得肥肥胖胖，把虛擬的怪物當流浪貓狗一樣照顧。

她有多愛寶可夢，就有多愛現實世界的動物友伴，「十年一覺動保夢，贏得小說荒廢名」，姐妹倆皆然，唯一不同是妹妹彷彿怒目金剛，會到公部門抗議不對的政策，姐姐同情心氾濫，不敢與眾生對視，只能菩薩低眉般，只照顧眼皮子底下的生靈。某年清明節，朱家有一隻老貓死掉，當天葬儀社電話打不通，朱天文只能把貓的屍體放進冰箱，旁邊還擺著半隻沒吃完的烤鴨。

縱是背德邊緣的愛戀，走上一段就是永生

印刻出版社老闆初安民說朱家姐妹專挑戰最棘手的議題，譬如族群認同、動保，和胡蘭

成。當胡蘭成在當下變成「渣男」代名詞，姐妹倆在紀錄片裡仍竭力擁護。提及胡蘭成，姐妹都說自己是在合理範圍擁戴，不及對方。姐姐說妹妹全心全意跟胡蘭成學東西，妹妹說才不是那樣，自己只是把一本《今生今世》讀得熟爛，不及姐姐那樣仰慕胡蘭成。

慕是孺慕、愛慕與戀慕的慕，那是朱天文的情感狀態，「人家是好為人師，我是好為學生，國中時，很仰慕國文老師，因為他，我背了一堆古典詩詞，又在週記上偷抄爸爸媽媽在情書談《包法利夫人》的讀後感，老師心想怎麼中學生這麼成熟？認真批了一堆紅字，我就獲得他的認可，這事可把我父母親氣壞了。」

朱天文說自己一天到晚慕這個，慕那個。說《淡江記》寫到一個王老師，哥倫比亞大學畢業，教法很新穎，她心生仰慕。老師搭交通車，她也跟著搭交通車，兩人從淡水搭車到麗水街城區部，吃個義美冰淇淋，然後各自回家。王老師精通易理，看她的命盤說是「秋水長天」，「秋水長天應該是講處女座的節制吧，很悠長，可我的月亮在雙魚，情感很敏感，又很暈染的。兩個人能走上一段路就是永生，就是難值難逢。」

她水波不興地作自我情感分析，簡直在背德的邊緣，我脫口而出，這樣很容易被誤會欸，「唉喔，誤會就誤會吧。所有學習的基礎都是愛情啊，這個愛情擴大是慕，是慕的情感。那是一種稟賦，可以變成寫作的動力，我爸年輕時寫信給我媽說『我有忍耐熱情跟激動的經驗』，那句話完全可以說我到今天，那樣的思慕跟愛慕，在年輕的時候，是痛苦的，可一次又一次的經驗和歷練，讓我知道怎麼處理熱情和打敗痛苦。」

她用慕的情感去愛人，也愛這個世界，見袁瓊瓊在副刊上寫日本花式滑冰選手羽生結弦，她也一頭栽進去看冬奧，電影院看了諾蘭《星際效應》，驚為天人，過往的舊作、研究的專書，一本本找來看。以前只到實體書店買書，她笑說自己變節了，現在也知道在博客來下單，到超商取貨。

在民國的黃昏裡，慕上ibon寶可夢

過去朱天文也習慣在便利商店寫稿看書，問她近年在小七有何新發現？「ibon。」她脫口而出，「像你們的訪綱啦，以前都要請侯導公司列印出來。但現在有ibon，電影公司把文件傳給我朋友，她傳上雲端，給我序號，我去便利商店輸入號碼，嗶啦啦，就印出來了。我第一次使用，覺得好神奇噢，我還把侯導叫過來，操作給他看，說：你看喔，這叫雲端，世界已經變成這個樣子了。」

她可比曹雪芹寫孔雀裘一樣，不厭精細地寫一條牛仔褲，她說這世界太好看，根本看不完，所以要不斷地輪迴，再回來這個世界。她能做的，唯有用文字描述這個世界，「文字是我的信仰，如果沒有文字和語言，我不知道怎麼觀察這個世界，文字帶我走得好深好深，深到不能再深，也走遠，走到不能再遠，我想像楊絳那樣寫到八、九十歲，寫我活過的年代，寫我的

父母，我們已經是在民國的黃昏裡，再過去就沒有了。」

朱天文正在寫的小說就叫《在民國的黃昏裡》。之前受訪說《巫言》是要記住「一個具體生動的心中圖像」，那麼，新小說的圖像必然還是辛亥路的老房子黃昏吧，落霞與孤鶩齊飛，秋水共長天一色。在夜幕低垂之時，姐姐朱天文拉著侯孝賢比肩站在便利商店，看著ibon吐出文件，嘖嘖稱奇新世界新科技。那妹妹朱天心呢？漫遊者朱天心大概還在謝海盟帶她走過的水圳踏查，且徐行，像屈原一樣，對這個世界發著離騷，「難道，你的記憶都不算數了……。」不肯馴良地進入長夜，唯一不同的是，這個朱家屈原會拿著手機滑寶可夢，善鳥香草，以配忠貞，惡禽臭物，以比讒佞。

——原文刊自《鏡週刊》第二八六期（二〇二二年三月二十三日）

照片提供：鏡週刊
攝影：王漢順

中二與中年　黃山料（1992-）

黃山料二〇一七年創《一件襯衫》影音平臺打響名號，二〇二一年換跑道當全職小說家，六本書累計銷量三十萬冊。讀者給他多少愛，鄉民就回敬多少傷害，呱吉節目說他的作品對社會沒貢獻，他說當下聽到很受傷，但自己人格有兩個面向，一個創作者人格，脆弱而敏感，但還有一個創業者人格，懂得回應：「你對我負面的評價，讓我變得更好，那你就成為了我的貴人。」

中二和中年是暢銷天王的兩張臉。中二作家日前去上博恩公司的《狗屎寫手》，他在臺上覆誦主持人對他的挖苦：「我從小就很會寫文章，我的作文就跟我的屁股一樣，都是甲上。」觀眾笑，他也笑，但內心的中年人想的是：「出版市場萎縮，這樣做應該可以突破閱讀的同溫層吧？」

窗外下著大雨，故而我們的話題就從天氣開始。黃山料喜歡下雨天，他說無論是洗澡或游泳，但凡身體泡過水了，放鬆了，寫作會比較順利。

「那你是寫到一半寫不下去，才去碰水，還是寫作前需要齋戒沐浴？」

「沒有那麼嚴肅啦。」

「《那女孩對我說》書名是黃義達的歌欸，你呢？寫作需要聽音樂嗎？聽什麼音樂？周杰倫？」

「杰倫是我的神，我不能聊他，我沒有資格！」

訪問進行二十分鐘，知道了桌上的義美小泡芙、迷客夏翡翠檸檬都是他最喜歡的食物，窗外的雨沒有要停的意思，滴滴答答不乾不脆地下著，話題又繞回下雨天。

「碰上陰雨天我真的心情比較好喔！或者是說我太討厭晴天了，只要出太陽的話，我就會情緒有點低落，所以我通常都在晚上活動。」

「所以《人間孤獨》裡討厭晒太陽的中學生根本就你自己嘛！」

眼前的男人，三十一歲了，然而看上去像個小屁孩，或許是因皮膚白皙到幾乎沒有血色，又或許是我們的對話有點無厘頭和中二。然而中二男孩從二〇一九年出了六本書席捲各書店通路暢銷榜至今，二〇二二年又以《那女孩對我說》獲《亞洲週刊》十大小說。今年上半年，網路書店削價競爭，賤賣圖書，唯有兩個作家膽敢對電商說不，一個是吳明益，一個就是黃山料；黃山料不願降價，書籍無預警從博客來下架，然而即便如此，還是上半年暢銷冠軍。問他這幾年到底賣了多少？「六本三十萬冊，我來算算看噢⋯⋯。」他點開手機裡的計算機程式，加加減減，然後把螢幕轉向我說：「這就是我幫出版社帶來的利潤！我喜歡我的團隊跟我一起成功的感覺。」中二小屁孩頓時流露一種精明的神情，讓我以為自己是《商業周刊》、《遠見》之類的雜誌，正在做卓越企業人的訪問。

勇敢不是什麼都不怕，而是明明什麼都怕，卻還是義無反顧地做了

假使《商業周刊》、《遠見》做報導，黃山料的故事應該從二〇一〇年八月五日開始，那一天，他十八歲三個月又兩天，漂流青年從金門來到臺北，從電線桿的紅紙條租屋廣告找到了一個頂樓加蓋的雅房，他沿著窄窄的樓梯，一階一階也就爬上了慘澹的大學生活。他以離島外加名額資格吊車尾考上實踐大學服裝設計系，進入臺灣服裝設計系殿堂，並非想成為下一個Tom Ford或Michael Kors，單純只是小鎮青年厭倦了金門，幻想真正的生活在他方。

「念高中的時候，孤僻又很古怪，以為來臺北，就有足夠大的基數，比較高的機率，遇見有共鳴的同伴。」

「那你怎麼不去廈門？二〇一〇年廈門已經發展很好了吧，我去年第一次去，訪問（金門縣立法委員）陳玉珍，從金門看廈門，萬丈光芒，簡直像是在哈德遜河眺望曼哈頓的感覺。」

「金門、廈門很近啊，大概兩個捷運站的距離。我們小時候也常去廈門，暑假一待兩個月，但早餐我想吃蛋餅，那邊只有馬來糕、饅頭，我沒有一天不想回臺灣。」

小鎮青年十八歲漂流來到臺灣尋找同伴。但他不像臺北同學，能把每個服裝品牌的發音念得很漂亮，他只是同學口中那個離島來的。他沒朋友，冬天天冷想吃火鍋，獨自去餐廳，只能一人坐四人的位置。怕被看輕，他研究歷屆校際服裝設計比賽得獎作品，分析得獎原因，把一件衣服縫了再拆，拆了再縫，他在每一場校際服裝比賽屢創佳績，證明自己的價值，最後來到倫敦國際畢業生時裝週（Graduate Fashion Week International），拿下世界冠軍。黃袍加身了，時尚產業應該沒有去不了的地方，畢業、當兵，他還是賣掉裁縫機，乖乖去當上班族。

「念服裝設計是小時候天馬行空，想當藝術家。大學不斷參加服裝設計比賽，但材料費其實很花錢，就必須不斷地打工去補貼。倫敦國際畢業生時裝週拿世界冠軍，可是回到臺灣之後，一樣住破破爛爛的雅房啊，還得煩惱下一次的製作費哪裡來？那些衣服也不可能被商業量產，作品根本無法延續，或是應該說我也沒有想清楚如何衍生商業循環，自己想不透，也沒人幫我想，想當設計師，但生活根本不知道如何繼續下去……。」

你經歷的一切，看似毫無意義卻都是一種累積，累積著你成為獨一無二的自己

不當藝術家，只能在服裝公司當社畜，薪水兩萬八，他應徵設計部門，做的卻是行政庶務打雜工作，第一個月就被討厭了，「設計部那個男孩太矯情了吧？」「以為得過獎就了不起，誰曉得那個獎是真的還假的！」職場生活簡直是大學生活翻版，他喘不過氣來，只能躲在洗手間坐在馬桶上發呆，研究衛生紙紋路，數著牆上的磁磚。牆上有一百二十塊磁磚，他算過了。

工作一年半，日子過不下去了，用自己攢下來的錢自立門戶，成立影音媒體頻道《一件襯衫》。其時，網紅經濟大爆發，YouTube臺灣總訂閱人數在二〇一七年達一千四百餘萬，他的影片以各行各業職人心內話為主軸，獨樹一幟，他掌握流量密碼，頻道觸及人數達兩千萬。二〇一九年，《郭董早餐會》影音頻道邀他談兩代創業，他盼郭台銘投資他拍電影，郭董說：「與其投資你拍片，我更願意投資你的公司。」然後，就沒有然後了。

二〇二一年，《一件襯衫》停止更新，他宣布解散團隊，日後將專心寫作。「當初我創業的目的是想學習廣告行銷知識，我的夥伴們也的確教我很多，一邊創業一邊學習，《一件襯衫》本來就是我的過程，當我累積了足夠的商業思維，就是我應該邁出下一步離開的時候了。」關於生涯規畫異動，他給出一個相當《商業周刊》的回答。但不對啊，《餘生是你晚點沒關係》裡的主角因為影片版權使用跟公司團隊認知有歧異，鬧到要寄存證信函的地步，小說家和他的小說人物，山料和劉珊，一個網路代號三六，一個六三，兩人都是影像創作者，莫非是真人真事改編？「我還沒準備好回答這個問題。」他說。

第一次寫小說就上手，二〇二一年年底出版《好好再見不負遇見》，旋即衝上誠品排行榜，然後就沒下來過。他寫青春愛情、心靈勵志，文字少有譬喻，直接了當，節奏分明來分明去，兩、三頁就會跳出一個愛情金句人生格言，問他文字師承，他說：「我以前都會上無名小站寫日記，大概是那時候養成寫作習慣，但我不看書的，二〇一九寫完《漂流青年》我才去養成讀書的習慣。」

你被世界變得堅強，強悍到快不認識自己了

《那女孩對我說》誠品深夜開放預購親筆簽名版本，一開賣，千本書搶購一空，讀者們給他多少愛，鄉民們在網路上對他就有多少傷害，他引用他人文章，有人說他抄襲，有人說他富二代，就連呱吉也上來踢一腳，在節目說他的作品對社會沒貢獻，他很有風度地回覆：「既然你看見我了，也許你對我負面的評價，可以讓我變得更好，使我成長，那你就成為了我的貴人。」

讚他EQ未免太好了吧！他答：「呱吉的節目我有聽，聽到自己喜歡的公眾人物講我的作品不好，當下當然會滿受傷的。但我自己的個性是有兩個狀態，一個創作者人格，脆弱敏感，很容易受傷，也愛哭，聽到別人一句話，玻璃心就碎了。可我又有一個創業者人格，會跟我的創作者人格說：『你先進來躲起來，乖乖，不要怕，讓我來分析利弊得失，看看有什麼可以扭轉的方法。』」

他水波不興自我分析，剎那間我突然明白中二與中年原來是暢銷作家的兩張臉。別人笑他文字輕薄短小，太過中二，但那其實是精準的商業算計，手寫書名、愛情金句字級加粗放大，都有鮮明的品牌辨識度。第一本書《漂流青年》副標「一九九〇後出生的我們」，已經有明確的讀者定位。

「出版業越來越萎縮，如果一直鎖定在文學讀者，會鑽牛角尖，越做越小，如何讓不會讀書的人願意去看完這本書是我的目標，我會每一本書一直在優化它的易讀性，有些讀者沒有要讀密密麻麻的文字，只是想要像翻運勢書一樣，需要一句話的安慰啊！」他板起面孔講述出版行銷。現在跟我們說話的，應該是他的創業者人格吧，這種精明的態度或者可以解釋他日前去上博恩公司的《狗屎寫手》，他在臺上覆誦主持人對他的挖苦：「我手臂的刺青別人誤以為是半甲，但其實我是甲甲。」「我從小就很會寫文章，我的作文就跟我的屁股一樣，都是甲上。」「我的書就是一句話換了很多方式在講，我寫的是愛情小說靜思語。」

念著那些不堪的臺詞，幾近被羞辱，觀眾笑，他也笑，但心裡想的應該是如何突破閱讀的同溫層這件事吧！一如受訪時，他耐煩地對我們說明他是如何做圖書行銷，「現在當寫作者，除了創作，還要兼做社群行銷，除了寫小說，每天還要固定在社群上寫雞湯文。」「你哪裡來這麼多雞湯文可以寫啊？」「我很喜歡心靈雞湯，因為我自己很需要。那些話都是說給自己聽的。」他理直氣壯地說著，至此，我們才明白穿插在小說中，關於求學被霸凌、愛情受挫、職場被暗算情節裡的格言金句，都是一種自我精神喊話。他的小說瀰漫著巨大的焦慮，不是焦慮要在職場占有一席之地，就是焦慮情感的歸屬，所有的作品都在為這些焦慮尋求答案。

第一本書第一個句子從二〇一〇年八月五日開始，漂流青年在臺北租了一個破爛的雅房，但二〇二三年夏天，他在臺北買了一間三十坪的房子，他在臉書跟網友分享喜悅，新家窗外就有一〇一，另一側還有一片綠樹，離捷運站只要三分鐘、健身房十三分鐘，字裡行間難掩興奮之情，然而房子本來是買給兩個人住的，但最後與前任分開，只剩自己一個人。

餘生是你，晚點沒關係

「你房子買在哪裡啊？」「我不能跟你說！這是隱私。」他斷然地拒絕我，但他的創業型人格大概覺得很沒禮貌吧，旋即起身，坐到我身邊來，拿起手機，刷刷刷滑動照片，讓我看看房子的模樣。客廳、臥房、擁有大浴缸的浴室……。那房子黑白灰色調，極簡風裝潢，如果是商業雜誌，應該會在這邊做結尾，標題應是「黃山料堅持夢想永不放棄」，然而我忍不住嘟噥了一句：「住在這個房子的人大概會沒有愛情吧。」「為什麼？」「裝潢根本是美術館，你都沒做收納空間，整理起來會發瘋欸，伴侶會吵架吧！」

「十二年搬了十六次家，你根本不會想要累積任何東西啊！」

「如果要你立刻搬家，要你一個小時之內整理好一個行李，你會帶什麼？」

「電腦。衣服什麼的再買就好。」他一秒鐘就給出答案了。

「你根本就是旅行者的體質欸。喜歡旅行嗎？」

「還好欸，就是談戀愛的時候，看對方想去哪裡，我就跟著去哪裡吧！我根本戀愛腦，當初心想當全職作家，就可以全心全意陪另外一半，誰知道當作家，就失戀了。」本以為最後一個話題可以讓我們的訪問有一個《商業周刊》的結尾，誰知他冷不防又給出一個中二的答案。

「不需要經營社群，你會做什麼？」「不經營社群的話，我通常就是去游泳去運動，然後跟喜歡的人聊天，一直吃東西。」

「吃什麼？」「我什麼都吃。」「吃東西對你來講，是一種紓壓嗎？」「我喜歡跟喜歡的人一起吃東西。我是很需要人際關係的。」

「但你會不會和同儕有落差啊，都買房了，又是暢銷作家。」「我的朋友圈年紀都比我大一點，我說心理年齡啦，我會需要對方年齡大一點，如果要交心的話。」

「比你大是要大到幾歲啊？五歲？六歲？」「平均年齡可能就四十幾歲，然後最大的到五十五歲。」「喔，難怪你可以跟郭台銘變好朋友。」

雨停了，請他把桌上的採訪大綱摺成紙飛機讓我們拍照，他倚在窗邊大擺Pose，視線往外眺望，「如果把飛機射出去會怎樣？」「不行啦。這上面有寫你的名字。」他喃喃自語地看著窗外，「如果這樣跳下去不知道會不會死？」因為背對著我們，因為看不出那神情是出於一個中二男孩的屁話，還是中年創業人格對生活的厭倦，因此我的心跳結結實實漏跳了一拍。

——原文刊自《鏡週刊》第三六四期（二〇二三年九月二十日）

照片提供：鏡週刊
攝影：王漢順

風月寶鑑　林夕（1961-）

梁偉文少年時讀簡體版《紅樓夢》，因「梦」（夢）字拆開，「林中夕陽」的意象太美，上世紀八〇年代中便以「林夕」為筆名，此後顛倒眾生近四十年。除了寫詞，他也在報紙寫專欄，過往數十年，他彷彿氣象播報員，在文章感受著城市寒暑與人情冷暖，即便反送中香港最風雨飄搖的時刻，也未缺席。

新書《給生活撐起一葉舟》是過往報紙專欄集結。寫詞的他，精巧空靈如黛玉、妙玉，然而他在專欄聊炒房、聊鼎泰豐，熱熱鬧鬧，喳喳呼呼，說這樣的他未免太像劉姥姥，他抗辯說與其當劉姥姥，他寧可是知情識趣、玻璃心肝的王熙鳳。黛玉、妙玉是他，王熙鳳、劉姥姥也是他，歌詞與專欄，彷彿風月寶鑑的兩面，一面照見孽海情天裡的痴男怨女，一面反映眾生百態、社會亂象，兩者結合，才是屬於他一個人的紅樓夢。

富士山下，再見二丁目。曾經曖昧約定，感情生活開到荼蘼花事了，你會陪我看細水長流，無奈那天蝴蝶飛不過滄海，當時的月亮一夜之間化做今天的陽光回頭，愛情轉移，人來人往，從此只愛陌生人。林夕開口了，我們耳邊響起的全是王菲和陳奕迅的歌聲。人稱詞神的他為了新書《給生活撐起一葉舟》和同名書畫展受訪，他是K歌之王，是痛苦的天才，傷口能化成玫瑰，眼淚可以成詩，與我們面對面坐著，腦海不可能沒有大段大段的旋律跑過。

三千首歌詞　超度世間痴男怨女

耳聞詞神每天要用茶葉把自己泡醒，玩香，好奇風雅之人一天作息為何？「跟每個人都一樣啦。開電腦，看新聞，YT（YouTube）的演算法特別容易控制你，就讓它演算一個小時左右。」「你在YouTube都看什麼影片？」「我的YT會同時出現白斑龜背芋的介紹跟《年代向錢看》，也有《新聞面對面》。有講日本茶文化的影片，也有二〇二三年最恐怖韓國電影跟十大最帥韓星投票。也有無聊的短片，香港地鐵吵架，當然吵架也少不了臺灣，Toyz被超哥痛毆。那個打人的超派，他什麼時候臉開始臭，什麼時候開始動手的，這也是研究人性的好課程，比任何推理小說都好看喔。」

這完全不對，K歌之王情歌寫得哀感頑豔，然而本人一坐定，手上叼著一根菸，跟專欄文章風格一樣，彷彿茶餐廳裡議論馬經的男人，熱熱鬧鬧，喳喳呼呼，落差太大了，不免嘀咕了一句：「我以為來的會是空靈的黛玉、妙玉，結果是劉姥姥。」「姥姥？這樣嚴重！」「劉姥姥很好啊，很有智慧欸。」「姥姥像是一棵大樹拔出樹根，也是啦，寫專欄要跟樹根一樣牢牢抓住話題……。喔喔，你說劉姥姥，進大觀園的劉姥姥，我想起《倩女幽魂》的姥姥。」

填詞和寫專欄風格判若兩人，與香港專欄通俗易讀的屬性有關。一九八五年，二十四歲的他為鍾鎮濤的〈曾經〉填詞，是最早公開發表的作品，然而他中學時代就在報章開專欄寫電視評論，也在倪震開辦的雜誌寫鬼故事，「我本身是有點故意的，即便沒有兩個人格，也構造出兩個人格，其實我是先寫專欄，才寫歌詞的。寫歌詞有很多束縛，來自製作人、來自歌手的束縛，但另外一方面，對於看過的東西，對於生活，要善盡社會責任的一面，可以放專欄。」

一手寫專欄，一手寫歌詞，古有唐詩三百首代表大唐盛世，今有林夕三千首，見證往日香港絕代風華。他八〇年代中期開始寫詞，到本世紀初達到巔峰，平均一年可寫兩百首。他能在四十五分鐘內一邊看日劇一邊寫完一首〈明知故犯〉，也能在焦慮症發作時，花十天字字琢磨〈Shall We Talk〉去爬梳母子關係。詞神驚人的成就來自自律，睡到日上三竿，起床先寫專欄，趕下午三、四點報社截稿，再寫歌詞，「歌詞跟專欄寫得多就會寫得順，寫著寫著，都不用逼迫了。因為腦洞大開，會變得很敏感，很多事情只要有觀點，題材源源不絕，唾手可得。」

二十年專欄　為香港再痛也要寫

與此同時，他在香港《蘋果日報》開專欄，過往二十餘年，他彷彿氣象播報員，在文章感受著城市寒暑與人情冷暖，即便香港最風雨飄搖的時刻，也未缺席。二〇一五年，他因雨傘運動移居臺北，仍心繫香港。二〇一九年反送中的那一陣子，他臨睡前，仍拿著平板，盯著故鄉的網路直播，「好慘哇，在那一、兩年間，每一個晚上不敢睡太熟、睡太早，因為越是晚上，越會出事。事情很荒謬，荒謬感讓自己很刺痛，每天起床，趕緊看新聞，看今天發生什麼事情？看完還要寫專欄，那等於看完恐怖片，明明是很怕，明明很恨魔鬼，但你還是要用X光片照一下魔鬼的成分，用放大鏡放大它，然後用自己的手把文章打出來，試問這個指頭是不是痛到椎心？」

再痛也要寫，因為是深愛過的城市。本名梁偉文的他，少年時代喜歡林振強的歌詞，加上讀簡體版《紅樓夢》，「梦」（夢）字拆開，「林中夕陽」的意象太美，便以「林夕」當筆名寫歌詞。他不只一次公開喊話，寫詞是他的第一生命，但若擔心失去填詞工作，而選擇緘默就違背初心，他在專欄針砭時政，為香港人撐起雨傘，觸怒中共，歌曲一度從串流平臺下架，中國歌手在節目唱他寫的歌，螢幕顯示作詞人是「佚名」，林夕被消失了，此後，香港便沒有了夢。他說被佚名是一種光榮，「即便不能改變世界，也不要被這個世界改變。世上的怪獸都很容易引誘我們妥協，千萬不要被進擊的巨人踩扁。」

那些年他為新聞直播中的香港同胞流淚，也為母親的離世而哭。反送中之後是三年大疫，二〇二一年三月，母親因為急性肺炎，入院四天就過世，在情歌裡寬慰痴男怨女放下的K歌之王哭到抽搐，像個孩子轉頭問身邊的人：「會過去的嗎？我會放下嗎？」時間如何爬過他的皮膚，只有他自己最清楚，他只能努力過活，拚命無恙，無非要那些離開的人想念他的善良。

創作量銳減　歡古玩也迷BTS

其後，他的創作量銳減，二〇二〇年至今，不過四十餘首，他變成華語歌壇的某種老朋友，他自嘲現在應該沒人敢找他寫歌了吧。然而他並沒有閒著，養魚養植物，追劇也追星，訪問前三天他窩在家中沒開口講一句話，都在看《東京喰種》的動漫，線上一邊看，一邊Google劇中出現的文學掌故。

年過六旬的他迷上了韓團BTS（防彈少年團），會對著MV的偶像手足舞蹈，往日是大明星送他公關票請他去聽演唱會，但BTS首爾演唱會，臺灣戲院同步直播，他跟眾多粉絲線上搶票，開演前，興奮得心跳。他說在路上散步或者旅行哼的是BTS的歌，問：「你不會還偷偷替他們填詞吧？」「算你厲害。」他嘿嘿笑著，沒否認就算是了。

「過去抱怨生活太忙了，現在其實很多東西纏得我一刻不得閒，像是我們桌上的碗很厲害，我會看著它的紋路，分明是礦物質，不知道要燒多少次，才會有這樣的紺紫色。這碗是新品，但現在的技術和處理，以前是做不到，現在的顏色剛剛好，」他一手叼著菸，一手端起茶碗把玩，「你看這個碗，很美。我不會因為現在工作比較隨性就比較悶，我不是天生工作狂，而是『追求美的東西』就是我的工作。寫歌詞是追求美，寫專欄，即便針砭時事，那也是一種道德的美。」

盯著茶碗的眼睛都放出光芒，身為佛教徒，他在歌詞要痴男怨女遠離顛倒夢想，一百年前你不是你，我不是我。然而他的歌詞也極其戀物，背了十年還不爛的背包，你的衣裳今天我在穿，未留住你，卻仍然溫暖。「你不是說害怕悲劇重演，越美麗的東西越不可碰？身外物的捨得與不捨得怎麼拿捏？」「戀不戀物跟情感沒有矛盾啊，感情不是唯物，如果你希望它跟這個美麗的碗一樣永遠不變，感情就別談了吧。人會不斷地在某個地方某個方向轉變，不轉變就不有趣，人情世故會轉變是應該，也是必須的。」

給生活撐起的一葉舟，有古玩有BTS有花花草草，當然也有書法。早年他只能面對家中的螢幕和鍵盤寫歌詞，電腦壞了，他半個字也打不出來，然而如今，他專注地寫字，若無所求，反而有多得。自己從壞習慣解放出來，也把那些文字從旋律解放出來，「起初就是愛看，街上看到好看的招牌，睡前看帖，手指也會不自覺地比畫著。」迷上書法是最近三、四年的事，時間重疊人生低潮，問書法可有轉移他對香港的焦慮和喪母的心情？「即便不是寫書法，我隨便一個碗都可以轉移心情，當有些事情在心裡面就是在心裡面，它不會隨著時間淡去，它會惡化，但你不用一直掛在唇邊，起碼要讓它不影響日常的情緒。」

為歌詞弄墨 濃淡字間躍出旋律

他引領我們看展，字畫中，他將林憶蓮〈至少還有你〉的歌詞填進一隻水墨鯨魚的肚子裡，下方寫著：「哪怕人潮如孤獨深海，哪怕知音快要滅絕，能聽懂我五十二赫茲心聲的，至少還有你」，他也用宛若席德進的水墨詮釋王菲〈紅豆〉裡被情人看透的風景和細水長流，深深淺淺，濃淡不一。他也懸腕寫一個大大的「追」字，一撇一橫，一氣呵成，模擬張國榮歌聲裡的迫切，只想追趕生命裡一分一秒。

「每一幅字畫都有設計感，回應歌詞某個有關的意見，那時候為什麼會拿起毛筆這個工具，是因為書法的傳統都讓我們搖頭擺腦，不是對聯啦，就是詩詞歌賦，我沒說那樣不好，只是讓毛筆書法藝術有點限制了。」

「會期待讀者站在這邊，腦海不要有任何的聲音嗎？因為我現在腦海都是王菲和張惠妹的聲音。」「我腦海出現陳其邁的靈魂歌手。」上一句正經話，下一句無厘頭，忍不住又說：「你真是一下子黛玉和妙玉、一下子劉姥姥欸。」

「我還是不喜歡……。姥姥。她那麼老，我寧可當王熙鳳。」

「你可以不要瞧不起老人好嗎？每一個賈政都曾經是一個賈寶玉欸。」
「我知道啊。我哪敢瞧不起人家啊。瞧不起人家是中共的大外宣嘛，王志安啊，王八蛋，我哪敢？！我小時候很喜歡劉姥姥的，只是當不成賈寶玉，也要當王熙鳳，拿著風月寶鑑，那個玻璃心肝對不對。」
「你在書中口口聲聲說做人要知情識趣，但像《紅樓夢》說的『知情更淫』不是更好嗎？」
「但知情更淫傷肝啊。小時候聽人講『知情識趣』，評價都是不好的，彷彿被議論的人城府深，很會算計。不懂人情世故有他可愛的一面，但我怕他難以活太久。不是因為生存不下來，而是會悶死在童貞當中。」
「但知情識趣就還是會顧忌太多，不覺得在人際關係要求面面俱到太辛苦嗎？」
「在人際關係當中，你沒有顧忌，沒有生存感和危機感，那就不好玩了嘛，人際關係有趣的地方，就是不奉承、不用逼迫的手段，而能夠享受到人與人之間的溫暖。這才是我們值得學習和享受的地方。另外，知情識趣，拆開來，知識和情趣，人生就是活在一家情趣店裡，一個人要活得有趣，你才會覺得活在這個世界上是值得的。做人不能故意讓自己無趣。很多事都是自討無趣的。」

最珍貴感悟　獨厚留給了陳奕迅

是啊，他真有趣。訪問拍照的空檔，他拿出松榮堂的香粉，擦在脖子、手背上，笑說他要補妝了。說話喳喳呼呼，動作大開大闔。他曾在訪問的時候說，寫詞的時候，他會把對人生最深刻跟珍貴的感悟留給陳奕迅。不知是陳奕迅用嘴唱出了他的心，還是他像是一隻鬼附了陳奕迅的身，寫了深刻歌詞，兩個人的動作、神態幾乎是一模一樣。

他轉身問一旁同事還有什麼可喝的？同事拿出一罐綠茶說喝這個，他搖晃手上的烏龍茶，浮誇地說：「為什麼要我喝那個茶，我這個還沒喝完啊，你以為我這麼好掌控的嗎？你以為我是小草嗎？我是老樹！」我們說要不要到洗手間拍照，裡面有木雕的鶴，有浴缸，可以像陳奕迅一樣躺在浴缸拍照，耽美的他喊：「不要！那個浴室磁磚的紋路那麼醜。」林夕說，他不跟我們進浴室。

——原文刊自《鏡週刊》第三八七期（二〇二四年二月二十八日）

廟堂之上

輯三

Volume 3:
Upon the Halls of Power

照片提供：鏡週刊
攝影：王均峰

做自己 連勝文（1970-）

最初，連勝文在馬王惡鬥時，批評馬英九，現在是中華民國一〇二年，不是「大明王朝」，任何人都不能高過法律。他也曾為太陽花學運發聲，「政府有必要痛定思痛，檢討青年世代的憤怒與不滿」，四十五歲的他以青年之姿投入臺北市長選戰，被視作國民黨改革契機，但選舉從來就不是他一個人的事，而是他一個家族的事，權貴變成他的罩門，選舉態勢連戰連敗，團隊言論沒有主軸，立場反覆，勝選變成唯一的道德。

選前之夜，他對年輕人喊話，但身邊一字排開，蕭萬長、王金平、連戰、吳伯雄，他與馬英九擁抱，選擇與這個百歲政黨一起老去，這一天，國民黨報紙廣告「這一票，請聽父母的話」，選民聽爸媽的，候選人也聽爸媽的。他或許曾有熱情，但身邊的叔叔伯伯們全阻止他的真心，他從來未能做自己。青春出於藍，從來未曾勝於藍。

距離選舉二十六天，在傅崐萁媒體餐敘上，連勝文來了。赴宴者，有國民黨老黨員、有他父親連戰的老同事、有民間醫院院長，他逐一握手，問候，彬彬有禮。一坐下來，他便將手機擺在桌上滑動，一百九十五公分的高個兒臉部一放鬆，嘴巴不自覺嘟起來。以為在玩手機，他啞著嗓子解釋：「我在查看上一次像現在這樣，能坐下來吃頓飯是什麼時候，讓我向您報告，從選舉至今，我已經沒能好好坐下來吃一頓飯了……。」席間眾人不厭其煩地乾杯，鬧些不純潔的笑話，他以水代酒：「我五年前開刀就不能喝酒，媽的，周玉蔻在電視上都亂講。」

「膝蓋還好嗎？電視上看你走路一拐一拐的？」不經意提問，他竟像是被人深刻理解那樣激動起來。「我現在每天十二點睡覺，六點起床，六點喔，上週末，本來七場活動，臨時又加兩場，他們（柯文哲陣營）前腳走，我們後腳跟上……。」他揮舞著手勢，說著說著突然掀開西裝，指著腰際說：「我這裡開過刀受過傷，但現在拜票鞠躬九十度喔……。」短短幾分鐘之內，我們知道了他選舉沒吃飽、沒睡好。媒體總愛在他的體態做文章，他就這樣把肚子袒露在我們面前，無所謂也無心眼，過於單純而熱情。

自嘲解圍

約採訪時間，他說不行啦，他要準備週六辯論，口氣如一個要乖乖回家背書的孩子。旁人為辯論獻策，「勝文，你要激怒柯文哲，他一生氣就亂講話了。」「勝文，做你自己，想說什麼就說什麼，跟馬英九做切割，大明王朝那樣就對了！」「勝文，你要訴諸感性。」他咧嘴笑了：「有啊，蔡委員（蔡正元）要我在演講上想像和市民談戀愛，呵呵。」在場的人喊這個四十五歲的男人「勝文」或「勝文小老弟」，親熱口氣如喜宴上喊一個親戚的孩子，誰都鼓勵他做自己，可誰也都要他乖乖聽話。

距離選舉二十四天，他與柯文哲隔空交火幾個月，兩人終於在電視辯論會交鋒。他身穿剪裁無懈可擊的亞曼尼西裝，帶著美麗妻子蔡依珊現身，華麗修辭談論城市美麗的遠景，如同描述一塊海綿蛋糕，甜美而空洞。辯論會後旋即召開記者會，他笑言自己常上談判桌，並不緊張，目光不經意瞥見牆上電視公布的民調，八成網友認柯表現較佳，他低下頭，笑容不見了。幾分鐘後，記者問柯文哲辯論會上說文明國家胖子多，是否意有所指？「我不知道他是否在說我，如果是我的話，那可能是我減肥還不夠吧。」他抬起頭，笑了。

連勝文談話有一種古怪的幽默感，他演說總帶著鮮明的譬喻，「大明王朝」、「忠孝東路走了九千遍」、「地上噴石油」……有一種壞掉張愛玲式的強迫比喻症。他也善於自嘲，選戰陷泥沼，他笑說：「我是參選之後才知道，原來我是這麼壞的一個人，我有時候看看電視裡面的壞人，想說，奇怪，我好像跟他（壞人）一樣，我真的是參選後才了解，我原來跟壞蛋同類型。」

家族遊戲

這個官宦子弟沒有想到的事情可多著了。他二〇一四年二月宣布參選，四月黨內初選擊敗丁守中，聲勢最高，但從此之後，他的競選廣告全被網友吐槽Kuso；大打國際關和經濟牌，但家族橫跨兩岸三地盤根錯節的政商關係都被刨開：他與溫家寶兒子溫雲松另類國共合作，為他所投資的中國大陸金衛醫療公司在臺發行TDR，他以永豐金董座名義承攬頂新康師傅回臺招募基金，傳聞真真假假，無論他如何自清，皆無法釐清其背後中國與財團代理臺灣利益的疑慮。

中學同學陳永璋很心疼他敦厚質地沒被看見。他說與連勝文念再興中學，高三住校，吃飯洗澡都在一塊，是二十幾年的好朋友。「他是性情中人，人緣好，再興伙食差，他會夾帶零食給大家吃，幫同學辦驚喜生日會。我功課不好想放棄聯考，他半夜把我從被窩拉起來K書，」在基隆經營成衣批發的陳永璋說：「我高中常去他家，他就像他媽，個性很活潑、善良。」

長男責任

連勝文要參選，好朋友都不贊成，說他講話太坦率，不懂政治人說話「眉角」，以他的環境身分來選是頭殼壞去，「國民黨做得不是很好他自己也知道，但他對政治有想法，有熱情，想做一些事。太太反對，媽媽反對，連爸（連戰）中立，不鼓勵也不贊成。」為何參選？陳永璋說二〇〇四年，連戰選總統，連勝文勤練臺語到中南部輔選，本以為會贏，但兩顆子彈翻轉選情，選舉揭曉，大家都很失落，只有他強打精神安慰大家，結果去吃宵夜，吃一吃他忍不住就哭了，「他是長子，他對他家有責任啦。」

連戰兩次參選總統連戰連敗，二〇〇五年赴中國會晤胡錦濤，兩人一握，彷彿從胡錦濤掌中接收續命真氣，政治生涯絕處逢生，此後，他幾乎年年造訪大陸，在中國投資不計其數，他成了政商通往中國的「連」外道路，風呼喚雨，擲地有聲。二〇一三年二月，他帶一大堆政商大老，兩度會晤習近平，大隊人馬連勝文亦在其中，家族接班意味不言而喻，隔年，連勝文就參選了。

連勝文需要父親跳出來疾呼兒子沒有父蔭，距離選舉二十三天，一場軍公教人員後援會，他還沒來，連戰先到了，「勝文表現不好，希望各位多多幫忙。這是最後衝刺時刻，他已把二十四小時全用在選舉工作上，非常辛勞。」父親拜完票前腳離開，兒子後腳跟上，和一屋子的叔叔伯伯寒暄。當晚，國民黨舉辦情義相挺大會，連戰與王金平、吳敦義、郝龍斌輪番上陣。他來了，群眾如潮水湧上，他一一握手，也許是怕手錶刮傷民眾，也許是怕民眾弄壞手錶，把手錶拔下來，擺放在褲子口袋。舞臺上，他在明亮處聲嘶力竭大談城市遠景，舞臺下，郝龍斌連戰王金平坐在暗地裡私語。這不是他一個人的選舉，而是一整個家族的選舉。

連戰失言

距離選舉十九天，十八天，十六天，日子一天天過去了，民調依舊沒有起色，他慌了，到處鞠躬哈腰，看到假人模特兒也下意識伸出了手，競選團隊慌了，蔡正元、羅淑蕾、費鴻泰、蘇清泉輪番上陣，言論荒腔走板。連戰慌了，選前十三日，父親站臺罵救過連勝文的柯文哲是混蛋，祖父是日本皇民，他激化省藉，為鞏固鐵票，也要給對岸聽。整個團隊言論沒有主軸，立場反反覆覆，勝選變成唯一的道德。

距離選舉第二天，最終王牌終於出手，美麗的妻子在電視競選廣告淚眼婆娑回憶二〇一〇年他中槍經過。飯局裡我們問他選舉沒時間陪小孩怎麼辦？「盡量不去想，想了就難過。之前在悠遊卡公司，一年出國四十次，有時候在旅館醒過來都不知在哪裡。所以我跟我老婆說，我如果選上市長，生活會更規律一些，就可以在臺灣陪妳了，沒想到現在選舉更難見面了。」單純的話說得真心，也許就會成真。他的家族被指指點點，唯獨妻小是最後底線，在這個城堡，他是自己的主人，然而，為了選舉，他不得不把妻子推上火線。

選後最後一夜，國民黨動員八萬人的造勢晚會，他說只要太陽升起，他就覺得這地方充滿機會，臺北真是漂亮。演講修辭優美而感性，他終於懂得用演說和群眾談戀愛，「各位朋友，特別是年輕的朋友，臺灣所面臨的問題不是階級或世代，而是經濟問題，只有透過經濟發展才能解決問題，而我具備有這種能力，所以請大家給我一個機會。」

落選感言

他對年輕人喊話，但身邊一字排開，蕭萬長、王金平、連戰、吳伯雄、馬英九，全是老人。這一天，國民黨報紙廣告：「這一票請聽父母的話。」最初，對太陽花學運表達立場：「政府有必要痛定思痛，檢討青年世代的憤怒與不滿」、食安問題要求江宜樺下臺，但這一夜，他選擇與馬英九擁抱。他或許真如好友所說有熱情，但身邊的叔叔伯伯們全都阻止他的真心，他從來未能做自己。

選舉當日，太陽出來了，城市就像他說的那樣漂亮，但開票結果卻很不堪。下午四點開票結束，支持者陸續湧入競選總部，坐在人行道看轉播，投影螢幕上比數漸漸拉開，至下午五點已落後十萬票，支持者坐在塑膠椅子上如坐在醫院候診室一樣茫然。他來了，緊扣著妻子的手走下車，媒體湧上，夫妻被人潮沖散，他連忙回頭問：「怎麼了，有人推倒妳嗎？」牢牢握緊妻子的手，走入競選總部裡。

半小時後他再度露面，臺北市票才開一半，他五度鞠躬，發表落選感言：「我們也許輸了一場戰役，但是我們沒有輸了整個戰爭，未來還有更艱鉅的挑戰在我們前面，我們必須要更努力地爭取所有人來認同我們理念與價值，我們繼續奮鬥，我想，青山常在、綠水長流，我們大家後會有期，謝謝大家，感謝大家。」他若有所思，一度口誤說成「輸了戰爭，沒有輸了戰役」旁邊年輕人相視一笑，一二三齊聲高喊著「連勝文選總統」，他苦笑著揮手然後離開。媒體再度湧上去擋住他的去路，沒有叔叔伯伯開道，一百九十五公分的大個兒陷在人群中無法脫困，那尷尬場面彷彿《神隱少女》裡湯婆婆的巨嬰寶寶，這一回做了自己之後，才發現自己好細小。

——這篇報導係二〇一四年縣市長選舉前二十六天時任花蓮縣長的傅崐萁邀集的媒體餐敘，席間我坐在連勝文身邊，與其互動寫就的側記。二〇二三年臺灣#MeToo運動初期，鏡文學總經理董成瑜指控傅崐萁在這場餐會中對其性騷擾，我在臉書上證實董女士所言不虛依據就是這篇報導，我在場，我寫下文章，也目睹了經過，「席間眾人不厭其煩地乾杯，鬧些不純潔的笑話」，即是藏在兩行文字中，不堪的黑暗真相。原文刊自《壹週刊》第七〇六期（二〇一四年十二月四日）

照片提供：鏡週刊
攝影：宋岱融

活得像滿級分作文　洪秀柱（1948-）

洪秀柱講話愛用成語，擅長正向思考，四平八穩如一篇中學學測滿分作文。人生也活得如一篇滿級分作文：愛家愛國，更愛黨，立法院爆發各種肢體衝突，她一馬當先為國民黨同志護駕。總統選戰開打了，她掛帥出征，未婚的女人說自己算是嫁給國民黨了。

不婚的女人感情生活不是被烏龍八卦就是笑話，但滿級分的人每天化妝像工筆畫，身邊雖無悅己者，也要把自己收拾得乾乾淨淨，一天一杯養生湯。無父無母無尪無子，但家裡養著一隻龜，也餵養自家附近流浪貓，為它們取了名字「喵」和「咪」，就像是歸屬了。

五月十七號，國民黨總統參選登記最後一天，立法院副院長洪秀柱在支持者簇擁下，捧著六萬三三七七份連署書走進中央黨部。連署書紙箱繪成紅磚，堆疊成牆，她站在牆前慷慨陳詞，「我的支持者都是基層，自己要成為國民黨的一塊磚，沒有磚，哪來的華廈？」政治人物表態無非做戲，她和國民黨黨工分坐桌子兩旁，審核資格一搭一唱，要交戶籍謄本了，只聽她喃喃自語：「戶籍謄本，孤單一人，無父無母、無尪無子，孤獨一人。」

一秒參選

我們調閱她二〇一四年公務人員財產申報，配偶空白，子女空白，孤獨的人僅有中正區臨沂街房子一棟、土地一筆，存款一千零五十一萬兩千七百十九元，股票基金若干，大概是因為這樣，我們發現六十七歲的她遞交那張七百萬支票的選舉作業費用，手微微發抖。

因為僅她一人登記參選，國民黨啟動「防磚民調」，規定她至少需獲百分之三十支持度才能被提名，被外界認為國民黨高層「卡洪」。其時，大家仍在等王金平、朱立倫、吳敦義等大咖表態，輿論沒有站在她那邊，有說她是拉抬身價，換立法院龍頭寶座，有說她只是幫誰誰暖場，可她不為所動，上電視下鄉，炮轟民進黨黨主席蔡英文，沒有誰像她這樣嗆辣；到黨團、中常會演講，沒有誰像她這樣忠黨愛國，擦亮黨徽，等兄弟姐妹回家，反倒顯得那一干明星候選人扭捏和矯情。像是個勵志的故事，大家都喜歡弱者的故事，風向改變，她的聲勢起來了，六月十四日，公布民調結果，她以百分之四十六的支持率跨越門檻，國民黨中常會以一秒鐘，無異議通過洪秀柱的提名。

選戰才要開打，而她已然是個贏家。約在立院副院長辦公室採訪，問她參選契機，她侃侃而談，如勝選感言：「最開始確有拋磚引玉的想法，但怎樣都引不出來，與其激將，還不如當仁不讓。」她講話愛用成語，內容擅長正向思考，四平八穩宛如一篇中學學測滿分作文。她在國民黨上演「一柱擎天」的戲碼並非第一次，二〇〇七年，國民黨主席補選，吳伯雄在馬英九陣營加持下，可說篤定當選，但她卻在登記日當天，無預警領表參選，最後雖以百分之十三・〇三的得票率敗給吳伯雄，但不讓鬚眉膽識已令人刮目相看。

一九七〇年，她自文化大學法律系畢業，並未考上律師或司法官，當年，教育部實施九年國教，釋出大量教師職缺，她逮住機會投身教職，隔年，當上訓導主任，一步一步累積行政資歷，把校長當作下半輩子努力目標。十年後，因流利口才被延攬至國民黨臺灣省黨部編審，然後，另一個十年過去，她決心參選立委，「因為已經四十歲了，不甘心被晾在那裡，出來選舉，只是想透過選舉告訴這個黨，黨內有我洪秀柱這個人，不要浪費我的青春。」黨部主委極力阻攔，不讓她週間請假出席政見發表會，她讓表弟出席，司儀喊到她名字時，表弟身掛她的海報看板會場走一圈，意味「無言的抗議、無奈的缺席」創意之舉竟也讓她選上。

老父蒙冤

參選是個性好強，但榮耀父親的私心也有。父親洪子瑜四九年來臺，任職臺糖月眉糖廠，隔年因為沈鎮南資匪案的牽連，綠島關了三年三個月，釋放後，沒有公司敢收留，四十年沒有工作，一個男人的一輩子都毀了。洪子瑜晚年參加友人喪禮，見友人風光大葬，返家對她說，死後若能在臺北第一殯儀館最大、最氣派的景行廳辦後事不知多好。她聞之心酸，卻只能半開玩笑對父親說，要景行廳辦後事得死者或死者子女非富即貴，「老爸，你運氣不好，兩項條件都沒有，我看啊你就好好活著吧，活到我有出息那天吧。」

自幼家貧常常搬家，成長範圍總不脫臺北西區一帶。家中生計全靠母親打零工支撐，女強男衰家庭環境下養成強勢個性。父親長年失業在家，父女相處時間多，家中四兄妹，一個哥哥兩個妹妹，手足之中父親最疼她，飯局應酬總帶著她，要她唱歌說故事給叔叔伯伯聽，無形之中造就伶俐口才。她當選立委，旋即拿當選證書拿到善導寺父親牌位祭拜。二〇一二年，她當選國民黨副主席，同樣拿著證書到父親牌位前說：「老爸你在這個黨執政的歲月受苦，可你女兒在這黨爬到副主席，你在天上若知道可以笑一笑了。」

五句黨員

既是國民黨毀了老父一生，何以又在高二入黨，父親未曾阻擾？「父親僅淡淡地說隨便妳。入黨沒有什麼不得了的理由，那時候大家讀書、當兵，好學生加入國民黨是風氣。更何況讀中國近代史，憧憬孫中山等革命先烈拋頭顱灑熱血，那是一種對禮教更大的孺慕。」好學生滿級分的作文，謳歌三民主義吾黨所宗，國仇和家恨向來分得清清楚楚，然而五十年黨齡的好學生，她的國家向來黨與國牢牢不可分割。

她感謝父親沒教她種下仇恨種子，她恨的是與黨對立的種種異己：二〇〇〇年總統大選國民黨慘敗，李登輝辭黨主席，另創臺聯黨，她第一個跳出來批李登輝背棄國民黨，嗆「不要給臉不要臉」。二〇〇六年，上政論節目罵游錫堃「走狗」、「比狗還不如」。二〇〇八年，馬英九上臺，她認為公視新聞「不宜攻擊政府」，與林益世凍結公視部分預算，修法擴大公視董事會席次，打算換掉時任董事長鄭同僚，公視問題弄到僵局，不能說沒有責任。同年八月，《壹週刊》爆陳水扁洗錢新聞隔天，她召開記者會，出示駐瑞士代表劉寬平轉寄的瑞士檢方存證信函，對扁案在國會開出第一槍。

暴烈俠女

她反臺獨，反廢死，反「非核家園」，政治立場鮮明，愛憎毫不掩飾，立場不合，亦不虛應，個性強悍而坦率，政壇有「小辣椒」封號。立院重大爆衝突，她無役不與。二〇〇八年，她因丟擲標語傷到民進黨立委管碧玲，管碧玲回敬她一巴掌，兩人為此互告傷害纏訟兩年。二〇一〇年，她與賴清德爆發口角，跳上議事臺指著對方鼻子大罵。問她這是否在男性政治生態的一種偽裝？她振振有詞：「很多人質詢都是在演戲，但我生氣就真的是生氣，路見不平，看不過去啦。」

她自比秋瑾，俠女性格，身不得男兒列，心比男兒烈，當過十年訓導主任的她自許道德糾察，這讓她更像滅絕師太，手持道德倚天劍，砍向異己。日前，插畫家馬來貘借畫暗諷她因髮禁掌摑母親，導致母親受創輟學。她淡淡地說「在我記憶中是不復記憶」，但她仍將恢復傳統道德變成選舉訴求。二〇一二年，陳為廷批時任教育部長蔣偉寧「偽善」，被她反嗆沒禮貌：「縱然有意見，好像也不是用這種態度去處理的，這樣下去社會就完蛋了。」滿級分作文強調長幼倫常乃是做人道理。

她自豪國民黨排序論輩，與民進黨街頭出身文化截然不同。但這次在國民黨初選當中，最初奚落她，打壓她的，也是這樣的倫理輩分。若無意外，此次總統大選兩大黨皆由單身女性掛帥出征，其中文化社會的涵義並不亞於政黨再次輪替。然而兩黨對待單身女性態度卻截然不同。一次國民黨餐敘，有人拱吳伯雄幫她作媒，吳伯雄說：「我是認識很多人啦，但我實在想不到本黨有哪個罪大惡極的男人可以介紹給她，當作懲罰。」孤獨的人感情生活不是被烏龍八卦就是笑話。

獨身養龜

問她不生氣嗎？不覺單身歧視嗎？滿級分作文總是反求諸己，她說：「社會歧視單身，並不意味要自己要看輕自己，如果因此動怒，不就是著了他們的道了嗎？」她受訪時身著黑色套裝，莊嚴嚴謹，但十指彩繪水晶指甲異常顯眼。她在立院長年以豐富彩妝示人，妝髮在立院相當有名，老同事葛雨琴曾在媒體上說若有上午的約會，她因化妝不能如時抵達，總會抗辯：「妳們化妝是潑墨，我是工筆畫。」

單身女人身邊沒有悅己者，也要把自己收拾得乾乾淨淨，看起來開開心心。早年父親在外頭被問女兒何時要嫁，她總對老父回嘴：「哪家姑娘過四十還能承歡膝下，你要偷笑了。」事業至上，結婚是浪費時間，滿級分作文總是善於規畫的，她說：「這輩子都是為別人過日子，若退休我要去學語文，加強國文，把荒廢的古箏拿起來練習，欣賞我喜歡的戲曲錄影帶。」無父無母無尪無子的人家裡養著一隻龜，也餵養自家附近的流浪貓，為它們取了名字「喵」和

「咪」，就像是歸屬了。

單身的人家中仍保留母親在世時使用的餐桌，過年時，哥哥一家人也要回來吃團圓飯，但如今她用餐的地方就是站在流理臺，稀里呼嚕喝牛奶麥片或精力湯。滿分的作文知道那樣太傷感了，於是改口說有一次自己難得沒有行程，也想學電視上的單身女郎，做點小菜，來杯紅酒慰勞自己，但話鋒一轉，說你不覺得那個舉動太像老兵了嗎？說著說著，自己就笑出來了。

——原文刊自《壹週刊》第七三五期（二〇一五年六月二十五日）

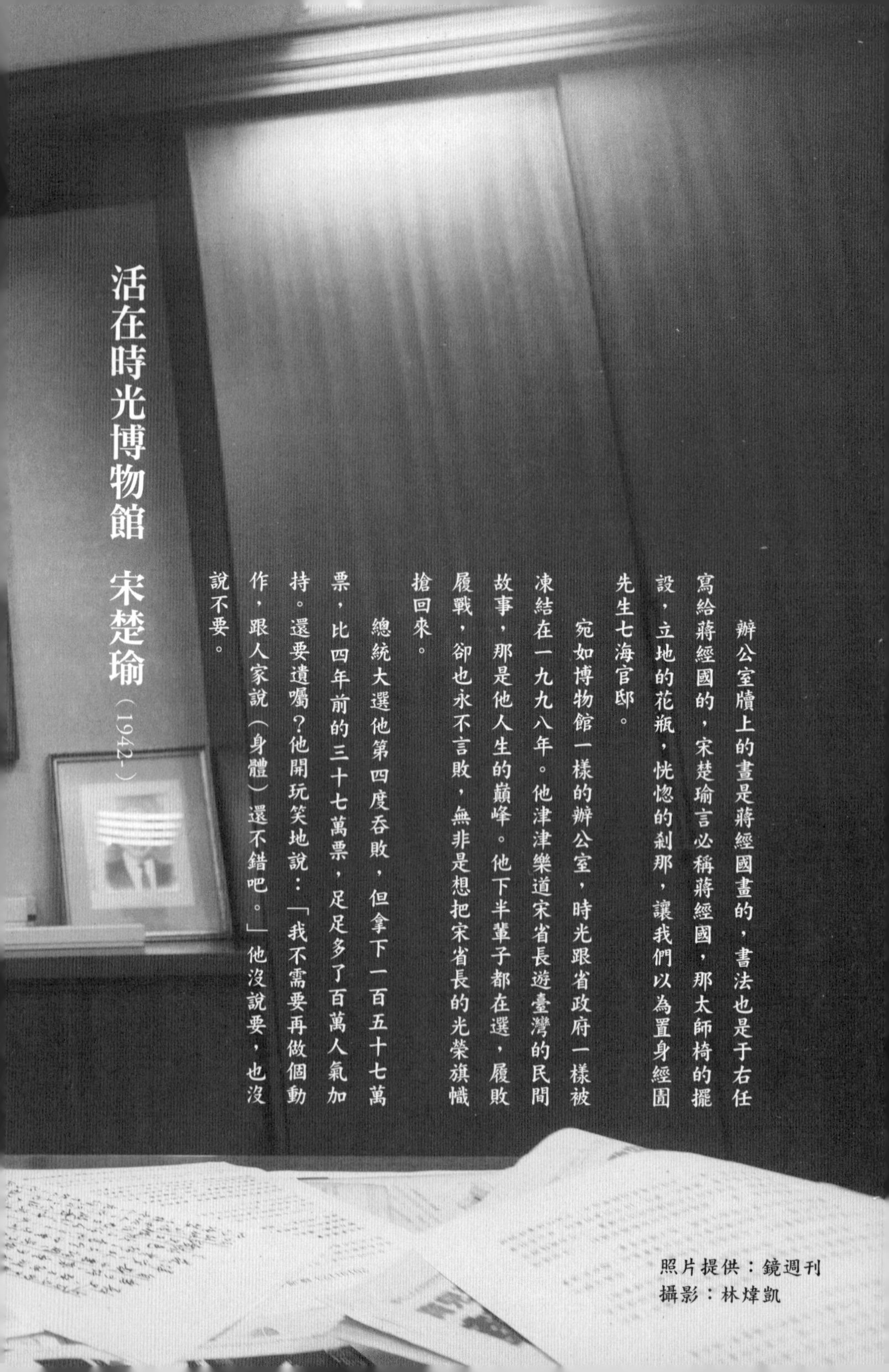

活在時光博物館 宋楚瑜（1942-）

辦公室牘上的畫是蔣經國畫的，書法也是于右任寫給蔣經國的，宋楚瑜言必稱蔣經國，那太師椅的擺設，立地的花瓶，恍惚的剎那，讓我們以為置身經國先生七海官邸。

宛如博物館一樣的辦公室，時光跟省政府一樣被凍結在一九九八年。他津津樂道宋省長遊臺灣的民間故事，那是他人生的巔峰。他下半輩子都在選，屢敗屢戰，卻也永不言敗，無非是想把宋省長的光榮旗幟搶回來。

總統大選他第四度吞敗，但拿下一百五十七萬票，比四年前的三十七萬票，足足多了百萬人氣加持。還要遺囑？他開玩笑地說：「我不需要再做個動作，跟人家說（身體）還不錯吧。」他沒說要，也沒說不要。

照片提供：鏡週刊
攝影：林煒凱

位於臺北市新生南路與濟南路的宋楚瑜競選總部並不大，頂多就是一個私人牙科診所大小。下午五點二十二分，開票近一個半小時了，蔡英文得票兩百三十五萬，朱立倫也破一百五十萬，唯獨宋楚瑜僅得三十八萬。整個空間安安靜靜，確實有一種候診室的寂寥和不安。總部裡，記者比群眾還要多，大家或者埋頭打著稿件，或者盯著電視螢幕，為支持的候選人領先而高興，也為厭惡的政客落敗而歡呼。但過了晚上七點鐘，宋楚瑜票拉抬到九十萬票後，氣氛開始不同了。

外面開始有群眾對著投放螢幕鼓譟，一百、一百一十……每破一個基數，就有人鼓掌，其間也不忘為朱立倫發表敗選感言而叫好。票數來到一百四十二萬票，有中年男子突然喊：「如果到一百五十萬，我就請大家吃水煎包。」全場歡呼，這很不對勁，太快樂了，明明不就是最後一名嗎？

電視辯論　鎮全場

晚上九點，宋楚瑜來了。隨扈從人群之中勉強推擠出一條路，他站上演講臺，恭喜蔡英文當選，說鄉親們做出重要決定，凸顯了臺灣人用民主方武表達自己的聲音，說此次選舉相當理性、沒有暴力，是全體臺灣人民的成就。關於國民黨大敗，他也說了，兩岸間的距離並非臺灣海峽，而是在於人心，希望國民黨要反省。

相對勝選者演說的蕩氣迴腸，這一刻，他的聲音是顯得疲憊了。身上一席水藍色簇新西裝，襯得臉色黯淡，我們猛然想起，他其實已經是七十四歲的老人了。選前，他接受我們專訪，穿同一套西裝，可是那天，他元氣淋漓，侃侃而談，彷彿他才是遙遙領先的那個。

時間要拉回一個星期之前，我們約在他仁愛路辦公室訪問。

由於是封關民調第二天，我們劈頭便問，多項民調已顯示他的民調已和朱立倫黃金交叉，搞不好會打敗國民黨，若能打敗國民黨，對他個人的意義為何？他說，「小老弟啊，不要再想藍綠了，坦白講，國民黨潰敗，不只是因為它是藍軍，是因為它忘記了一個政黨該有的主張和理念。所有民調都不重要，只有一月十六號那個民調才是真的……。」他說參選正是要終結藍綠，說著說著，就把話題兜到自己當省長時如何如何，兀自聊起來。

兩黨合作　各盤算

二〇一五年八月六號，他宣布參選。十一月，和民國黨主席徐欣瑩搭檔，推宋瑩配。最初，除了網路上一張渾身塗滿泥巴照片引起話題，他就一直被邊緣化。親民黨與民國黨分進合擊，互相支援、聯合造勢，然而競選場子上各插各的旗，各拉各的政黨票，各有各的盤算，並非牢固的策略聯盟。橘營的士兵糧草一年不如一年，沒錢辦場子，媒體曝光度不高，僅靠幾個親民黨名嘴有一搭沒一搭在電視上刷存在感。自己聲勢自己救，直到二〇一六年年初，他靠兩場電視辯論把自己聲勢拉抬到最高。

「父親給我的，就是要好好奮鬥，力爭上游，這不就是臺灣社會可愛的地方嗎，臺灣真正需要的是關心下一代！」大演說家臨場反應快，擅用庶民的語言，情感極具煽動性。辯論場如戰場，朱、蔡兩人你來我往，砍到刀刀見骨，卻無視他的存在，他雙手一攤：「你看，他們又來了……。」他戲而不謔噹一下朱立倫的「淡水阿嬤」，逗得大家哈哈大笑。提到亡妻陳萬水，眼眶就紅了，說自己沒包袱，參選不是為了名和利。辯論結束了，三位候選者排排站，他主動拉起蔡英文和朱立倫的手，深深鞠躬，彷彿他才是那個拉主Key的主持人，控制住了整個場面。

當年那個宋省長又回來

一九九四年，五十四歲的他當選臺灣第一屆民選省長，魅力從臺灣頭掃到臺灣尾。二〇〇〇年，爭取國民黨總統候選人提名未果，脫黨參選，卻因和連戰瓜分票源，便宜了陳水扁。二〇〇四年，屈就副總統和連戰搭配、二〇〇六年選臺北市長、二〇一二年再戰總統寶座，得票率卻不到三趴，低得難看。同年愛妻陳萬水因大腸癌過世，其後，他提到「萬水」二字就落淚。但老鰥夫屢戰屢敗，永不言放棄，至今七十四歲，他的後半生都在選。

文膽吳崑玉說：「都到這把年紀了，沒事業，沒財產，為什麼不賭一把？他沒什好損失。」

選運坎坷 稱感激

「你認命嗎？」曾經差一點攀上總統大位，我終於忍不住問眼前老人。「你不能盡信命運啊，但也能不信命運，」他聲音突然緩和下來，像被戳到痛處了，但他雙手一攤，隨即又拉高音量：「但我不會說我的命運不好，因為我是臺灣唯一的民選省長啊，我好感激啊。」「宋省長的團隊有愛心細心和誠心……」話題又被他兜回宋省長全臺走透透的故事了：小琉球、八斗子沒有加油站，老百姓加油不便，沒有誰比他急著和中油理論，宜蘭淹水、白河缺水，他第一個跳出來和水利局理論，「經國先生說政府不是萬能，政府一定竭盡所能，是不是這個道理啊。」他言必稱蔣經國，說國民黨有黨產，街頭運動爭民主也可以算民進黨的黨產，親民黨也是有黨產的……他知道這樣的話術引起我的好奇了，停頓一下製造懸念，然後宣布答案，說：「經國先生的精神就是親民黨黨產。」他在美國取得博士學位，一九七四年返臺擔任行院院長蔣經國翻譯，蔣經國當了總統，他也升任機要祕書……我忍不住插嘴：「可我們的馬總統也很喜歡說自己也是蔣經國祕書。」他放大了音量：「他是翻譯、只是翻譯！翻譯和機要祕書是不同的。」他突然按了紅木桌几上的鈴，辦公室門迅速打開，祕書探頭詢問什麼事，「沒事，沒事，我只是在示範當年經國先生怎麼按鈴傳令我。」

身段柔軟　超軟Q

他與馬英九經歷境遇相仿，後來參選被戲稱「馬英九二・○」，但他糾正我只有他才是名正言順的機要祕書。辦公室牆上竹子國畫是蔣經國當國防部長時親筆畫的，牆上的書法則是于右任寫給蔣經國的書法，因為沾到墨漬了，輾轉流到他身上，他珍藏地裱褙掛了起來，「記利當記天下利，求民當求萬世名」，那太師椅的擺設、立地的花瓶，恍惚的剎那，我們以為置身經國先生七海官邸，說起來，他比這次立委競選人蔣萬安更像「蔣經國二・○」。「我跳出來，是不忍心。我懂得好好處理，我歷練過不同角色，我了解老百姓需要的是什麼⋯⋯。」他滔滔不絕說著，刷一聲，隨手掏出一張照片，和布希合照；手一抬，手上的錶是沙烏地阿拉伯國王送的；他奉蔣經國、李登輝之命前去美國購買F16，「後來，老布希寫給李登輝的信，第一段，這我第一次公開講，請代我謝謝James Soong。」他坐在紅絨墊太師椅上壓低聲音回憶往事，他像James Bond一樣，躲過各路記者的眼線，在郊區密會美國官員，使命必達。眼前老派的紅木桌椅、國畫書法，立地花瓶，彷彿博物館，他獨自一人在時光博物館裡回憶往事。

辦公室時光也和省政府一樣被凍結在十八年前，但他卻說：「過去時辰未到，但現在時辰到。」我不明白他說的時辰到，是指國民黨垮臺的時辰到了，或者他歷練了四十年，自己的良辰吉日到了。他起身，跟我們說要為明天的電視政見做準備，我們叨叨絮絮地說再見。他至今仍和老邁的母親住在林口，順口問一句宋先生身體好嗎？「好，我一天走一萬步呢。身子硬朗得很。」語畢，身體突然前傾，彎腰觸地，一下、兩下、三下，「你能嗎？你能嗎？」他臉上突有帶著狡獪的笑，如同少年。

他身段真的柔軟，無論是意念或者身體。或者參選對他而言，不過就是類似這樣彎腰觸地的動作，證明自己不老，證明自己還可以。此時此刻，他會預料一個禮拜之後，會這樣疲憊地發表落選感言嗎？還是這一切都如他所預料？拿下一百五十七萬票，得票率逼近百分之十三，比二〇一二年的三十七萬票，足足多了百萬支持。市議員黃珊珊輸了，但政黨票排行第三，這次拿下三席不分區立委，比上屆多進一席。他沒贏，但也沒輸。

再戰江湖　埋伏筆

「還會選總統嗎？」有記者問，老派政治人從來不會讓你聽出真正的心聲，他開玩笑地說：「我不需要再做個動作，跟人家說（身體）還不錯，江山代有才人出，我會努力輔選。」語畢，他迎向人群，這樣的回答不是群眾要的，大家都哭了。流的都是心疼的，不甘心的，忿恨不平的眼淚。他也不能多說什麼，只是溫柔地說大家辛苦了，回家休息啊。人潮推擠之中，一支親民黨橘色旗子遺落地上，我悄悄撿起放在書包裡，收好，也許，四年後還用得到，誰知道呢。

——原文刊自《壹週刊》第七六五期（二〇一六年一月二十一日）

照片提供：鏡週刊
攝影：王漢順

我不怕孤單　彭明敏

（1923-2022）

九十四歲的彭明敏出版《給台灣的備忘錄》，他出席新書發表會，致詞說自己的人與文章都到尾聲，趁此場合向諸親好友告別，他深深一鞠躬，如同謝幕。

二〇一五年他卸下彭明敏文教基金會董事一職，已做好離世打算，但他仍在報上寫評論。二〇一六年蔡英文聘他當資政，年事已高是推辭理由之一，理由之二是他要維持知識分子的自由，與其講給總統聽，不如講給老百姓聽，讓民意影響總統。這是老教授的風骨，明知不可為而為之，做多少算多少。

基金會僅給一小時的採訪時間，說是彭明敏年事已高，說話太久太傷神，且聽力不好，我們得坐他右側，大聲說話。但若不理會這些提醒，很難相信眼前這個穿三件式西裝、談吐儒雅的老教授九十四歲了。彭明敏近日出版《給台灣的備忘錄》，出版社宣傳是封筆之作，問他以後是否真的不寫了？他說不是，「今天也還寫評論，幾百字，短短的。」

有些真相　離世才能發表

老教授用臺語應答，說話留有餘地，稱自己的回憶錄已在收尾，不算封筆，「回憶錄愛講真相，假使應該講的沒講，應該批評的沒有批評，就沒意思了，但那些人都還在，坦白講，我要離開世間才能發表，在世的時陣，這本是最後一本了。」該評論集蒐羅一九九二年返臺至今，報紙評論和重要演講，他自嘲「兩百年發霉骨董」「自己都沒進步」，然而當政治人物忽藍忽綠，立場閃爍變成常態，能堅定立場，當一輩子老骨董是何等驚人成就。堅守什麼樣的基本立場？「臺灣中國，一中一臺，建立新國家，制定新憲法，加入聯合國」，其主張與一九六四年發表《臺灣人民自救運動宣言》沒什麼不同。當年，他與學生謝聰敏、魏廷朝印製了一萬份臺灣自救宣言，計畫發給各層軍公教人士及各界賢達，做知識的啟蒙。二〇一七年即八十三歲的謝聰敏回憶說：「我最早起草了五萬多字，像論文一樣，寫完非常Exciting，但彭教授說文宣無人這樣寫的，便由魏廷朝修飾成為現今七千多字的版本。」為了不讓宣言太像街上的廣告傳單，師生捨棄了鋼板油印，而改用排版印刷。深恐檢字排版師傅起疑心，三人將宣言中「國民黨」字句改成「共產黨」，「自救宣言」變成「反共宣言」，待師傅排好版，再以私下購買鉛字取代，將「共產黨」等關鍵字替換成「蔣介石」。

隨後，他們在赤峰街找了一家小印刷廠，穿著軍服，自稱學校教官來印考卷，印好一萬份，以為成功了，孰料當天還是被國民黨特務生擒活捉，那一天，恰是人月團圓的中秋節。師生遭軍法審判，謝聰敏攬下責任，判十年徒刑，彭明敏與魏廷朝八年，經國際人權組織奔走和美國施壓，蔣介石不得不於一九六六年，特赦三人，謝聰敏減刑五年，彭明敏、魏廷朝減刑四年。彭明敏獲特赦後即刻釋放，但接下來等著他的是五年的跟監，和二十三年的流亡。

一九七〇年，彭明敏在國民黨特務二十四小時跟監下，仍持友人護照，喬裝日本人逃到瑞典，當權者旋即盯上相繼出獄的魏廷朝和謝聰敏，隔年，以花旗銀行爆炸案為由，誣陷兩人為臺獨暴力分子，判刑十二年。師生三人一輩子當真被這份文件給毀了。

報上評論　講給老百姓聽

在這之前，彭明敏的人生何其風光而幸運，出身高雄醫生世家，念到東京帝大，二戰終結，返臺在臺大完成學業，隨後在加拿大麥基爾大學、巴黎大學取得碩、博士學位，當年是擲地有聲的國際法學權威。三十四歲升臺大正教授，三十八歲任臺大政治系主任。李鴻禧回憶大三時修彭明敏的國際公法，第一堂課，老師跟學生鞠躬致歉，說未來一年，思想必然會影響學生，但無法確定自己思想、學術是否正確，所以先向大家抱歉。李鴻禧說彭教授講學能結合法典跟實際判例，深受學生喜愛，選他的課都得一早去排隊。

他是國民黨最早栽培的臺灣菁英，相繼受蔣介石、蔣經國父子接見，當選首屆十大傑出青年，何故自毀大好前程發表自救宣言？老教授淡淡回答：「心中有一塊大石頭壓著，鬱悶啦。」教書和寫作是一生志業，只是其專業發現三民主義反攻大陸，無非是一個虛妄的神話，「我跟政治有緣，是一九六四年發表自救宣言，也不過是一種批評」，對他而言，發表宣言只是闡述理念，一九九六年參選總統也是同樣的道理，「流亡二十三年，一生要完整，就要出來選總統，宣揚自己的理論。我明知選不上，但是彼時臺灣郎對政治代誌的看法一面倒，我愛乎臺灣郎知影，有另外一種觀點看臺灣。」

臺獨教父掛帥，幫民進黨打總統選戰，隨後卻因批評許信良的西進政策，以及幫彭百顯站臺，開罪一班大老。憶及當年參選心情，「民進黨也不是說給我很支持，只是用民進黨的名義參加。孤單、沒錢，所以變成跟人家借錢來競選，後來才慢慢還。」

臺獨教父與民進黨分分合合，因為不以政治人自居，只當自己是學者，所以也不覺得委屈。是故，蔡英文二〇一六年聘他擔任資政，年事已高是推辭理由之一，理由之二也是要維持知識分子的自由，與其講給總統聽，不如講給老百姓聽，讓民意去影響總統，「我當陳水扁六年資政，感受對總統施政並無影響，反倒喪失寫文章的自由，我抵報紙寫文章，心情卡輕鬆。」當年發表自救宣言是有石頭壓在心中，如今呢？畢生痛惡的國民黨倒臺了，心情快活些了嗎？「石頭是沒這麼重了，但是看到中國關係，又沉重起來。」

政治牽累　已是無家之人

老教授把人生活成一部臺灣近代史，童年講日語，戰後在臺大跟著薩孟武學中文寫作，流亡後又以英文寫《自由的滋味》，人生從日語翻譯成中文，又從中文翻譯成英文。問母語為何？「算數用日語思考，早年抵美國，有打字機可以用英文想代誌，後來投書報紙用筆手寫，寫中文，有時候一句話中文說不出來，得查日漢、英漢字典。」做夢呢？深夜面對自己，眠夢時講的是哪一國話？老教授說，他吃安眠藥，不做夢，「那時候到美國，臺灣的事情想不完，小孩的代誌、厝內的代誌這些……。代誌攏總愛鎖起來，不能去想，想了就睡不著。」

鎖上的記憶是他已經是無家之人了：逃亡前一夜，他把兒女叫來量身高，互道晚安時，內心說的是：「何時再見？」「我對妻子最大的傷害，應該是我決定逃亡時的不告而別。」他曾這樣告訴辜寬敏太太王美琇：「當時，我擔心如果告訴她，日後她可能受到國民黨的嚴刑逼供，甚至以『知情不報』來羅織她的罪名。可是，我的不告而別，對她而言，是一種被遺棄的感受。」

逃亡之後，彭明敏第一次打電話回臺，想聽妻子聲音，但電話那頭卻無比激動：「我們都被你害慘了！你知道我們現在過著什麼樣的日子嗎？」而兒子、女兒接過電話後，除了兒子說：「爸爸，你好嗎？」女兒則是一句話都沒說。從此，他再也沒勇氣拿起電話，撥給他思念的妻子兒女。

妻子兒女如今都健在，但二十三年的隔閡，縱使相認，也已經不相往來。怨恨嗎？「怨恨是怨恨整個體制，怨恨舊時的人，怨恨蔣介石、蔣經國，沒有個人的怨恨啦，怨恨到底了，只會害到自己。遇到了，活在當下，人就是這樣。」

老教授目前和外傭住，一天的作息是這樣：六點多起床，用電腦看新聞，華人世界新聞看完，看《紐約時報》《華盛頓郵報》、日本新聞、法國網站，至少花兩小時讀報，然後吃早餐，體力好時便寫作、看書，躺在床上看。「我做人不怕孤單，有一陣子我在美國很灰心（指美國臺獨聯盟內鬥，因此心灰意冷），就去草地（鄉下）一個月沒見人，整天讀冊，我有冊，就不怕孤單。」最近看什麼書？「逐項看，旅日作家黃文雄的《論語反論》。」

身體孱弱　做好告別準備

我們說好要去他家拍照，看看他的生活，他說好，但臨行前一天，基金會主任李俊達卻告知老教授血壓升高取消：「老人家身體大不如前，都用意志力在撐。兩年前（二〇一五年），半夜起床上洗手間，跌倒，後腦撞到地板，形成血塊，奇蹟式復原，旋即又被診斷出肺腺癌，標靶治療控制下，目前倒也無事，但身邊的人都知道老教授身體真的不好了，兩年前他想說若在任內過世，改選很麻煩，就從基金會退下來，他已經做好離世的準備了。覺得在人世間的任務已經完成了，剩下的做多少算多少。」

老教授這樣孱弱，但領帶一打，西裝一穿，又是神采奕奕。出席自己的新書發表會，兩點半的記者會，他一點五十分就坐在會場簽書了。中國越來越強大，小英的兩岸政策卻越來越保守，臺獨教父的心願看來是越來越遙遠了，但他仍打起精神，勉勵支持者要有決心表現給全世界的人知道，「我的人跟文章都已經進入了尾聲，趁此機會以不捨的心情跟諸位親朋好友告別了。」老教授語帶哽咽，深深一鞠躬，最後的一本書，他的謝幕。

恩恩怨怨 放在心裡不說

在會場，電視臺記者拿著新書，指著其中一段話，問是否罵蔡英文，鏡頭如槍口對準他，顯然希望他講點重話，刺激收視率，但老教授不當面批評別人，淡淡地說那是「鼓勵」，不是「批評」。

他轉身離去，九十四歲的老教授挺直腰桿，背影不見老態，第一次訪問，最後也是停留在這樣的一個背影：訪談結束，他走到另外的房間，翻出版社剛送來的新書，剛坐下來，便抬頭問助理：「這裡怎麼沒改到？」若非不在乎，不會第一時間檢查錯誤是否糾正，但發現錯誤還在，他反倒安慰旁人：「沒有關係，意思是一樣的。」哪個錯誤？譬如那些恩怨，他放在心裡不說，我們無從得知，他只是站起來，打上圍巾，挺直腰桿，孤單地走出門外。

——原文刊自《鏡週刊》第二十五期（二〇一七年三月二十二日）

照片提供：鏡週刊
攝影：林煒凱

倚天屠龍記　賴清德（1959-）

二〇一四年，李全教因賄選當選臺南市議會議長，賴清德兩百三十二天不踏進議會，面對排山倒海的壓力，他以金庸《倚天屠龍記》的九陽真經武功心訣自勉：「他自狠來他自惡，我自一口真氣足」，二修《勞基法》，反對者兵臨城下，問他可要施展什麼絕世武功？他老神在在地回說不需要。

反對者罵他「幹話王」、「賴功德」，然而「他強由他強，他橫任他橫」，法案完成三讀。重創民進黨形象，然而他損傷有限，即便民調下滑，還是把蔡英文遠遠拋在腦後，在二〇二〇年總統選舉民調裡，還贏過柯文哲與朱立倫。總統大位猶如武林盟主寶座，他已靠著二修《勞基法》一役，奠定一方之霸的地位。

賴清德就坐在我們面前，這個五十八歲的男人眼袋很深很深，彷彿一閉上眼就會陷入沉沉的睡眠裡。地點是行政院，時間是二〇一七年十一月三十日，屈指算算，從他九月五日繼任行政院長，已經過了八十五天了。偷偷瞄了手錶，晚上九點四十分，訪談進行了一個小時，他看上去一臉疲倦，但注意力如同雷射光一樣專注，戰鬥內閣滔滔不絕暢談來年施政方針，從空汙講到地上運輸，全然不看稿。他兀自講著修改勞基法的必要，我忍不住插嘴，「所以九月繼任行政院長以來都沒放假嗎？」「沒啊。」「所以你率先違法欸。」他乾乾笑了兩聲：「我是公務人員，我們的工作是責任制，跟勞工還是不一樣。」

賴神慘變賴功德

二〇一七年九月五日，總統蔡英文在總統府召開記者會，宣布臺南市長賴清德接棒林全，繼任行政院長。總統臺上致詞，前後兩任行政院長坐在一旁，卸任的，身子往後靠，神情輕鬆；繼任的，挺直腰桿，坐三分之一板凳，雙手擺膝蓋，彷彿等著面試。要拍照了，蔡英文把賴清德、林全的手放在雙掌之中覆蓋著，三個人四隻手交疊，權力轉移，也宣告蔡賴體制到來：賴清德一上任就幫軍公教加薪，化解蔡政府與公教團體因年金改革產生的冤仇；隨後，聲稱自己是務實臺獨工作者，成為率先表態的行政院長。他勇於任事，行政院業務很快上手，決策明快，跑行政院的政治線記者都說林全少有公開活動，但賴清德平均一天一場，週末加碼全島走透透，拉著各部會首長下鄉巡視。

問接任行政院長心路歷程？「我跟您報告，這兩個月來，我很感謝蔡英文總統的授權，也感謝團隊的努力，跟立法院黨團的支持，並沒有遇到特別困難的事情。」

日前蔡總統接受中央社專訪談及賴清德，「我們幾乎也沒有什麼磨合期，我們現在的互動，我覺得都蠻順利的，在很多問題的討論上，我們也都互相尊重，沒有出現什麼重大歧見。」蔡英文與賴清德，一個富家千金，一個礦工之子，二人從政之路、人生經歷天差地遠，然而一個說充分授權，一個說相互尊重，口徑一致，賴清德就任滿月，施政滿意度高達百分之六八．八，蔡英文施政滿意度也回升到五成。然而人稱「賴神」的他卻在勞基法一役，跌下神壇，變成了「賴功德」。

賴功德封號的由來乃二〇一七年十一月，衛福部啟動一九六六長照專線，記者會上，他勉勵照服員月薪三萬看似不多，但可秉持服務精神，把照服當作功德來做。隻言片語在網路上發酵，好事者把他過往公開致詞整理出功德語錄。

我們談及此事，他語調未見起伏，稱那是基本信念，「小時候在鄉下互相幫忙，你家的田需要收割，我去幫忙，我家喜宴，你來幫忙，從小生活環境是互相幫忙，後來長大了，有機會幫忙人就盡力去幫，功德就是樂於助人，助人為快樂之本。」

脫下白袍為熱血

話題繞到成長背景，而他的前半生像極了那些民進黨政治明星成長勵志故事：一九五九年出生新北市萬里，母親賴童好原是地主千金，婚事早被許配給門當戶對的對象，然而卻在新婚之夜逃走，最終嫁給礦工賴朝金。父親在他二歲時因火災喪生礦坑，母親在好幾個礦場打零工，帶大六個孩子。

排行老五，從小功課優異的賴清德，三十歲之前都在為成為醫生做準備，窮人家的小孩要翻身，唯有這一條路可走。讀小學時，一日上學途中，發現一隻烏龜，他興沖沖地抱著烏龜衝回家，養在水桶裡，再跑到學校上課。母親打工回家，發現水桶有隻龜，知道是小兒子的傑作，深怕他養這些有的沒的，讀書不能專心，就把烏龜抓到菜園子放生。礦工之子戰戰兢兢讀書，是村莊第一個考上建中的，同屆同學有朱立倫與江宜樺。高中婉拒當班代，「我是鄉下來的，建中厲害的人很多，當了班代，就沒時間看書啊！」努力讀書為求出人頭地，沒有別的心思。

大學考上臺大復健系，退伍後又報考成大學士後醫學系，與此同時，與初戀女友吳玫如結婚生子。畢業後，在成大醫院擔任腎臟內科主治醫師。從礦場到醫院，從萬里鄉下到臺南古都，礦工之子走到這一步，已然是光耀門楣，可三十七歲那年，他稟告母親說要出來選國大，母親愣住，反覆地問他有沒有講錯？那是他人生第一次違抗母命，他再三懇求，母親無奈地說：「人家選你你就當，選不上你就回來當醫生。」

大學時代因讀了賴和與蔣渭水的書深受感動，自認「男孩子一輩子就是要做一件讓自己血熱起來的事」，一九九四年，陳定南選省長，他擔任「臺南市醫師後援會召集人」，走向政治之路。事後回想，母親點頭，大概是認為他選不上，就算選上，大概也當不久。然而一九九六年，加入民進黨，為廢國大參選國大，兩年後選立委，連任四屆十二年，獲頒評鑑第一名立委，二〇一〇年擔任臺南市長，二〇一七年北上擔任閣揆，從白袍到西裝，一晃眼二十二年過去了。

自認內向畏小人

網路上找到一張他童年爬樹的照片，頑皮的男孩站在樹上嘻嘻笑著，即便玩瘋了，衣著仍舊乾淨，卡其制服的釦子扣到第一顆，拘謹而自律。後來，他同樣以這樣一絲不苟的形象站上政治舞臺。他重視形象，南國府城氣候炎熱，但他終年穿著西裝，本名康銀壽的電臺主持人志明與他私交甚篤，說「伊愛水（臺語：愛漂亮），大熱天跑行程也穿西裝，覺得自己胖了，就相招爬關子嶺。」

接任行政院長，自認是「中繼投手」，他給了一個半小時的時間，然而與其說是訪問，更像是施政報告。請他自我剖析個性，他可以把題目回答成建國方略：「我個性的確比較內向，畏小人（臺語，內向），很難跟別人打成一片，這是事實。但不管我當臺南市長，或者行政院長，我有明確的方向，就是『發展經濟、壯大臺灣』，有了明確的方向，同事就會知道基於國家的進步，必須要團結。」他的語調沒有起伏，話裡全是理性和數據，一屋子坐滿了受訪者、採訪者，本來覺得悶熱，然而因為他的冷靜與理性，溫度似乎降了幾度。

定了是非就死守

與陳水扁、謝長廷等這樣大演說家相較，他顯得口拙而木訥，然而憑藉著西裝革履和理性語言也走出自我風格。他自認並非善舞長袖，當立委時，社區鄰里辦活動，他從來不送禮，「我來到立法院（備詢）已經兩個多月，還沒請過立委吃飯，但這沒有影響大家的共識。」屏東縣長潘孟安說賴清德不喝酒、不應酬，一次他到臺南找賴清德，賴市長行程耽擱，來電致歉，請他先去某某小吃攤等，說有一手啤酒在辦公室放了兩年，等等他會帶來賠罪，潘孟安虧他：「你嘛幫幫忙，啤酒放兩年能喝嗎？」他一臉無辜地回答：「酒不是越陳越香喔？」

二〇一〇年，賴清德選臺南市長，陳定南遺孀將先生生前使用的公事包轉贈給他。他把陳青天當典範，把清廉、勤政當努力目標，成了人氣明星。二〇一二年，天秤颱風襲臺前夕，全臺宣布放颱風假，唯獨他堅持到清晨五點才宣布臺南正常上班上課，結果當日微風細雨，加上有民眾拍下徹夜未眠的他前往羊肉湯店吃早餐的照片，讓網友大為讚賞，自此在網路上封神。

他因颱風天不放假封神，然而也因一例一休在網路世代之間跌下神壇。為落實「一例一休」，行政院二〇一六年底提案完成《勞基法》修法，資方痛批加班費太高、排班缺乏彈性，勞工也不滿拿不到加班費。二〇一七年九月，他就任後再提修法，加班費從做一小時算四小時、做五小時算八小時，改為核實計算，但同步提出鬆綁七休一等規定，遭批將導致勞工過勞。

他決定了的事，誰也撼動不了。二〇一四年，李全教因賄選當選臺南市議會議長，賴清德兩百三十二天不踏進議會，面對排山倒海的壓力，他以金庸《倚天屠龍記》的九陽真經武功心訣自勉：「他強由他強，清風拂山崗，他橫任他橫，明月照大江，他自狠來他自惡，我自一口真氣足」，事到如今，反對者兵臨城下，可要施展什麼絕世武功？他老神在在地說現在還不需要。

同為新潮流派系的前輩林濁水評價他：「他是奠定了是非就擇善固執的人，在臺南市長任內，從李全教賄選案、鐵路東移，到取消地方議員工程配合款，堅持對的，就進行到底。」他的堅持，在反對者眼裡變成了倨傲。臺科大老師陳致曉臺南老家因南鐵東移被迫拆遷，二〇一二年成立「反臺南鐵路東移自救會」，批「他自認菁英，意志凌駕體制，無視任何異議，完全拒絕溝通和對話。」

傲慢偏見不辯解

反對者謂他傲慢，支持者辯稱是反對者的偏見，面對傲慢與偏見，賴清德全不辯解。

面對外界褒貶，無論是賴神或賴功德，他都不敢當，「我是凡人，豈可封神，但我覺得賴神的發音，跟德文的傾聽很像，我聽到每個人叫我賴神，是要傾聽大家的意見。同樣叫我賴功德，我會覺得若有能力幫助人，就盡量幫助人。」中小企業者的心聲，他聽到了，在風風雨雨之中，一度傳出民進黨可能又會鬆動，暫緩修法，然而他以其強人的意志貫徹始終，如期完成三讀。法案最終表決當日上午，他參加天下經濟論壇，上臺致詞：「立法院已經三讀通過勞動基準法的修法，而且天氣已經轉晴。」語畢，便笑了起來。

二修《勞基法》是他的決定，結果重創民進黨形象，然而弔詭的是修法過後，他的施政滿意度雖然下滑，但還是把蔡英文遠遠拋在腦後，維持四成五的水準。在二〇二〇總統選舉民調裡，還遠遠贏過柯文哲與朱立倫。他強由他強，他橫任他橫，總統大位猶如武林盟主寶座，他已靠著二修《勞基法》一役，奠定一方霸主的地位了。

——原文刊自《鏡週刊》第六十九期（二〇一七年十一月二十七日）

照片提供：鏡週刊
攝影：王漢順

老神在在　呂秀蓮（1944-）

七十四歲的呂秀蓮宣布參選臺北市長，民進黨沒把她當一回事，網友奚落的比支持多，稱政壇不需老太婆管事。輿論是這樣，除了藍綠對立，還有性別對立和年齡對立，她是女人，也是老人，等於雙重弱勢。被嘲諷祖母綠，她借力使力，說臺北市女多於男，也是長壽城，祖母綠出征，當仁不讓。

她不養生，說一天到晚跳健康操，進醫院的時候，就要再見了，「不要花很長時間待在醫院，那一段真的生不如死啊！要活得老，活得好。」怎樣才叫活得老，活得好？她再戰江湖，證明給你看。

時間是兒童節，地點是桃園新屋農業博覽會開幕現場，呂秀蓮在人群簇擁下走來。七十四歲的老縣長還鄉，鼓掌聲、招呼聲此起彼落，她一襲藍黑色褲裝、頭髮紫色挑染、濃妝，這裡點點頭，那裡揮揮手，臉上始終掛著笑，神情宛如來吃喜酒的親家母。現任地方父母官鄭文燦起身相迎，恭請她坐第一排貴賓席，兩人親切說笑。突然，工作人員疾步來到鄭文燦座位旁附耳幾句，鄭文燦神色一凜，拋下老縣長，連忙離開。此時，會場響起更大的掌聲和歡呼聲，總統蔡英文到了。

呂秀蓮一臉肅穆，至活動結束，再無笑容。座位安排是這樣：總統、市長、市長夫人，其次才是她，卸任副總統。卸任副總統與總統相隔兩張椅子，卻是最遙遠的距離，除卻臺上剪綵、兩人並肩短暫寒暄外，並無互動。總統移駕另一個表演舞臺，達官顯要、政商名流，誰都想站在蔡英文旁邊沾光，大隊人馬移動，記者跟拍，維安人員阻擋，一陣兵荒馬亂，呂秀蓮被晾在會場外頭了，孤單一人。最後，她在義工和市府基層公務員的陪同下逛完會場。

政治人物從來沒有無緣無故的亮相，她聲稱來賞花，實則為參選臺北市長造勢。她說臺北太醜了，所以帶幾個臺北里長來農博找靈感，想把臺北打造成花都。這一天，她活動滿檔，上午桃園賞花、下午爬七星山，探勘金字塔，「我要深度經營臺北，旅遊不能老是逛夜市，吃臭豆腐、蚵仔煎。我幾年前讀書，發現臺灣在冰河時期就存在，有二十幾項證據，證明我們是太陽帝國的首都，中華文化只有六千多年，但如果可以證明七星山有金字塔，就可以證明我們是一萬多年前就存在，可以給大家很多思考的空間，所以我請教凱達格蘭族耆老的意見，我先去七星山探勘看看。」

她沒在開玩笑，一週後，她接受我們的專訪，提及探勘金字塔的緣由，語氣鏗鏘而果斷，本該出現在劉寶傑《關鍵時刻》裡的外星人話題，從她嘴巴講出來，更像是總統元旦文告，「我們看到山綠綠的，但背面很多巨石，那是那時候的人祭拜用的，證實那是臺灣龍脈的起源。」龍脈風水不是華夏文化的一部分嗎？被頂嘴了，她也不以為忤：「你講華夏文化是語言問題。」

與其說是專訪，不如說是政見發表，她陳抒己見，數據清楚，條理分明：姚文智主張松山機場撤遷，擔任過八年副總統的她，說松山機場與大直的國防部連成一線，有國防考量，機場撤遷原址改建公園，閒雜人等隨意進出，萬萬不可；她提及桃園經驗，劉邦友血案之後人心惶惶，她努力招商，減少財政赤字；當然，也不忘批判柯Ｐ，說他作秀比做事還多，整天Kuso，把年輕人的未來都蹉跎掉了。

「蘇貞昌沒有要選，大家拱他選，我要選，偏偏不讓我選。」

競選臺北市長也不是這一、兩個月興起的念頭，二〇一二年，她本有意願加入首都之戰，「小英不讓我選嘛，我很不以為然，那時候大家不知道柯Ｐ，把他當聖賢人來祀奉，現在大家認識他了喔！」所以是請鬼拿藥單囉？她語氣平和：「我不口出惡言。」

已經五月了，距離年底選戰不到半年時間，然而民進黨推不推人？該推派誰應戰？莫衷一是。一下子陳水扁爆料，說蔡英文官邸密會柯文哲，一下子選對會對柯文哲放話，說不挺了，最新進度是選對會徵詢姚文智和呂秀蓮的意願。

專訪前一天，我們赴總統官邸專訪蔡英文，問臺北選戰布局，她語帶保留，說一切未決定，一切選項都還在，她需要柯文哲對臺灣價值做出決定，也得考量基層感受，「臺北市是都會選區，選民考量選舉時資訊較豐富、較快，北市人選不需要急於一時，經過深思熟慮之後，我們做出最周全的決定，比做個快的決定來得重要。」

轉述蔡總統回應，呂秀蓮淡淡地說：「我一直對民進黨和蔡總統寄予希望，希望他們有足夠的政治智慧來判斷。」然而訪問到一半，問她睡眠品質好嗎？她忍不住又嘀咕幾句，「這次的選舉是非常弔詭，哎，蘇貞昌沒有要選，大家要拱他選，我要選，偏偏不讓我選。」

二〇一八年二月一日她宣布參選，《蘋果日報》相關報導有二一四則網友留言，奚落的比支持多，「無事可做真的很辛苦、又沒有伴侶，刷刷存在感罷了！阿嬤啊……」、「臺北市不需要老太婆來管事」。我們社會輿論是這樣，除了藍綠對立，還有性別對立和年齡對立，而呂秀蓮是女人，也是老人，等於是雙重的弱勢。被嘲諷祖母綠，她借力使力，親擬文宣，「祖母綠在埃及豔后時代就是稀世珍寶，臺北市女多於男，六十歲以上人口六十三萬，也是長壽城，祖母綠出征當仁不讓。」她不服老。是了，因為不服老，專訪差點破局。

訪問前一個小時，祕書來了電話，說呂秀蓮看了訪綱，其中一題「可曾想到要在墓誌銘上寫什麼，希望大家怎麼記得她？」她生氣了。之所以這樣問，乃她年輕時罹患甲狀腺癌，我們想知道鬼門關走一遭的人，人生暮年會有怎樣的生死觀，但她以為我們是觸霉頭。祕書好說歹說才安撫住她的情緒。訪問開始，她一襲白色洋裝亮相，劈頭便說衣服是二十年前裁製的，現在還穿得下，「怎麼樣，看起來很年輕吧？」

「生日是你到地球報到那一天，年齡是我比你早報到，並不代表我比你老。」她發表年輕宣言，用臺語說呂秀蓮就是越老越少年，過去兩、三年地球跑遍了，南至紐西蘭、阿根廷、馬丘比丘，北至丹麥、瑞典、冰島。「我要挑戰年齡歧視，年長的人看到我，就像是以前的婦女看到我，覺得我是他們的代言人。我要代表為臺灣奮鬥過的老一輩出征。」

老人家上了年紀，只要頭腦清楚，就是人生活字典，她說，若當選，一定會安排很多老人講故事，世代多對話，便能知道老人家以前的歷史。她退下副總統位子已十年，年輕一輩大概不知道她以前的歷史了，問若她的故事寫在教科書上，她想怎麼寫呢？她哼了一聲：「你這是墓誌銘那題嘛！我現在是勉勵大家啦，要把Mission Impossible變成Mission I am possible，你們可以這樣寫我：把不可能化作可能。」

我要效忠總統，不能讓他猜忌你，江湖一點訣，他們男生不知道。

她講得豪氣干雲，一生跌宕也擔得起這樣的豪語：她是臺大法律系和法研所榜首，二十五歲赴美國伊利諾大學攻讀法律碩士，兩年後返國任職於行政院法規委員會，其時，女性報考大專聯考占三分之一，社會有「如何防止大學女生過多」、「如何保障男生名額」的輿論，她投書報紙，和父權社會對著幹，推動婦女運動，成為臺灣第一代女性主義者。由於對婦女運動的投入過甚，她被國民黨特務盯上，因不堪其擾，一九七七年再度赴美，到哈佛攻讀碩士。一九七八年底，知悉臺美斷交在即，毅然回臺，投身黨外運動。

一九七九年，高雄爆發美麗島事件，她上臺演講二十分鐘，換來十二年徒刑，實際坐牢一九三三天。出獄後，她參選立委、桃園縣長，二〇〇〇年與陳水扁代表民進黨參選，成為中華民國第一位女性副總統。她鋒芒外露，有話直說，《蘋果日報》社論說她：「學經歷在四大天王之中，首屈一指，在女性政治人物之中更是一枝獨秀。但是她的個性與情緒，經常令人不敢恭維，在不適當的時間，講刺耳的話，使她在黨內人緣不佳，但她的坦率敢言，在爾虞我詐的政界中也有可貴之處。」

她積極爭取參選臺北市長，近日頻開記者會搶曝光，三月二十八日舉辦「三二八傳奇」，上午十點的記者會，她九點五十分抵達，一邊看著臺上播放之前批評臺北市長柯文哲的影片，一邊閱讀資料，空蕩蕩的會場，只有她獨自一人。從政第一要緊是政通人和，新潮流、正國會……民進黨派系盤根錯節，各有各的算計，但她始終都是一個人，問她若有自己的派系和子弟兵，也許這次宣布參選，不會這樣辛苦，她處之淡然，說人生的得與失都很難講：「蘇蔡游謝都在Show Muscle，阿扁就不用。我本來是正義連線的大姐大，但當選一星期之後就辭去職務，因為我是副總統，我要效忠總統，不能讓他一天到晚猜忌妳，江湖一點訣，他們男生不知道，怎麼會爭得到這個位置呢。」

執政那八年，陳水扁忙於穩固殘缺且搖搖欲墜的總統寶座，政治建樹遠遜於黨內鬥爭，她是想做事的人，然而有志難伸，形象是深宮怨婦、嘿嘿嘿打電話搬弄總統八卦。提及烙印在她身上的標籤，她拔高音量：「什麼是深宮怨婦？我跟你說一遍，《中國時報》方塊文章奉勸我效法深宮怨婦，哀哀怨怨過四年，報紙寫，然後漫畫家畫，結果變成我自己說要當深宮怨婦，怎麼可能？媒體就是這樣可惡！」

嘿嘿嘿是圍魏救趙，為擺脫緋聞案困擾及罷免危機，狠心將我打入地獄。

對她而言，可惡之後是更大的可惡，二〇〇〇年，《新新聞》週刊報導，指她以「嘿嘿嘿」的口氣打電話散布陳水扁與蕭美琴緋聞，她告上法院，提出損害名譽權的民事訴訟求償，二〇〇九年獲得勝訴。

二〇一六年，她出版回憶錄《非典型副總統》憶及此事：「新新聞事件其實是一樁圍魏救趙的事件，總統府、國安會及總統幕僚為了擺脫緋聞案困擾及罷免危機，狠心將我打入十八層地獄，又讓在野人士接招，透過親中媒體要我自行了斷，好讓阿扁換人接任副總統。」幕僚是誰？她沒說講明白，案子已三審定讞了，但在書中又不斷提及游錫堃、馬永成的名字，說新新聞的誰誰誰是游的同鄉，游透過媒體修理她，「使用公務場所討論私人訴訟」，還摔她電話。

她講話太直白，經歷、學歷絲毫不遜蔡英文，但蔡能當上總統，她不覺不公平嗎？「有時候是機運，有時候是Money，任何一個選舉，經營政治，像我這樣不用錢的太少了，你要有錢，是家裡有錢，還是善於經營錢？你要善於經營錢，這個手段我是不屑於做的。政壇從頭到尾，我都是乾乾淨淨，經營派系、經營智庫都是要大筆大筆錢，我話就說到這裡。」

她有話直說，令人捏一把冷汗，只好轉移話題讚她丹田有力，聲音宏亮，有無養生？「我不鍛鍊，我就是看東西，不斷地思考。」她說：「一般人照顧老人家，都叫他們怎麼唱歌跳舞，這太無聊！你要想辦法讓老人家動腦啊！我若當選，我一定要逼他們來談時事，刺激腦子啊！不然一天到晚在那裡蹦蹦跳跳，進醫院的時候就要再見了。不要花很長時間待在醫院，那一段真的生不如死啊！要活得老，活得好。」

人一病就會脆弱，所以，我不會讓自己生病，絕對不會。

退下副總統位置，辦論壇，演講，日子過得充實，證明自己真正活得好、活得老，她一個人住林口，週間在家讀書寫作，假日犒賞自己，看電視上的影集到三更半夜，她計畫寫小說，說把政治人物醜陋嘴臉寫出來。六十五歲的時候，她接受媒體訪問說獨居的生活很愜意，一個人寫作，一個人買菜，家裡的擺設可以按著自己的意思設計，「大部分的時候，我都一個人，跨年時，我一人在家裡寫書，抬頭看到窗外遠處的一〇一大樓，煙花燦爛。如果說一個人住有什麼缺點的話，就是生病時沒人幫你拿水、遞毛巾，人一病就會脆弱，所以，我不會讓自己生病，絕對不會。」至今仍是這樣。

她不重吃，沒口腹之欲，物欲極低，笑說自己已是老僧入定。這樣的人生真心感到快樂是什麼時候呢？「我的Idea大家贊同，認為我是對的，我就很開心。有一天歷史會證明只有和平中立才會救臺灣。越多人相信，我就很開心了。」為了證明陽明山真有金字塔，為了證明自己老當益壯，四月最後的星期六，她邀上百支持者再度上七星山尋找金字塔。

祕境從來不在主要幹道上，山上兩條岔路，我們穿入竹林，選擇一荒草叢生，更僻靜的路來走。雙腳陷入泥沼，一步一步走得艱辛，有些路段太陡峭，得手腳並用才能通行。她二度上山，有經驗了，有訣竅，一襲紅色衣衫，依舊是濃妝和珍珠耳環，一路走得優雅從容，且頻頻回頭，要後來的人倆倆互相扶持，找到自己的牽手。

眼前一塊巨石，她說是史前時代的巨石陣，她登高一呼，要支持者呼喊口號「臺北金字塔，臺灣Number One」。從政何嘗不是這樣一條坎坷的山路？她要登山的人牽手扶持，那誰又是她的支撐呢？她感慨說蔡英文、馬英九都比她順遂太多了，第一次登山，偶有難以為繼的時候，她告訴自己，若爬不完，下山就宣布退選，攻頂，靠的是自己的意志力。從政千山獨行，無父，無夫，無子，無派系，無盟友，只有一個人，孤身走我路。我們說這樣未免太辛酸，她笑咪咪地說：「一路上有人親切問好，對我說副總統加油，我怎麼會沒夥伴呢？」

——原文刊自《鏡週刊》第五十七期（二〇一八年五月十六日）

照片提供：鏡週刊
攝影：林煒凱

他人是耶穌 陳建仁（1951-）

中華民國副總統陳建仁是虔誠天主教徒，受封耶路撒冷聖墓騎士團騎士，他同時也是國際知名的流行病學家，對他而言，科學與神學並不牴觸，反而需要結合，才不會走到危險之處。政壇與神壇也都一樣，眾人為首的，要當眾人的奴僕，從政如布道，他自許當好的牧羊人，走進羊群，沾滿羊的氣息。

從事年改豈止是沾滿羊的氣味，簡直是一身羊騷味了。他說，他必須從謾罵與攻擊中體察抗議者內心深層的焦慮，「不管我們做了什麼，一定都會有人受影響。我對軍公教人員有深深的謝意和敬意，但也有歉意，畢竟我們改變了別人退休生活的規畫。」對他而言，來跟他談年改的人，他由衷感謝，因為他們都是耶穌基督。

在後門換了證件，通過安檢，我們在憲兵的接應下，進了總統府。二〇一九年就滿一百歲老建築，陰暗而曲折，在長廊之間兜兜轉轉，頓時失去方向感，僅能靠窗外的馬路建築研判所在的位置。我們被領進一個整個牆面都是書法的房間，問是哪位名家翰墨？幕僚不知，說馬英九時代就有了。在房間裡等候著受訪者的來臨，一想到我們已經置身這個國家的權力核心了，心裡不免忐忑，然後，那個要受訪的人，中華民國第十四任副總統陳建仁來了，他迎面便堆下笑容：「我好緊張，我好緊張，接受你們的訪問像考試。」

輔佐角色　使命必達

軍人年改法案三讀通過次日，陳建仁接受本刊訪問。二〇一六年的五月二十日，他宣誓就職，不到一個月，便銜命擔任總統府年金改革召集人。身為拆炸彈的人，輿論標靶往往是蔡英文和行政院長賴清德。電腦Google副總統名字他的名字才輸入兩個字，按熱門搜尋次數多寡，冒出陳建州和陳建斌，其次才是陳建仁，他鮮少被砲轟，大概網友以為他無非備位元首，手中未握有政治實權的緣故。

副總統權力法源來自《憲法》四十九條：「當總統缺位時，由副總統繼任，至總統任期屆滿為止；或者是總統因故不能視事時，由副總統代行其職權。」備位總統該做什麼？不該做什麼？一條法令，各自表述，因而我們有了李元簇這樣「沒有聲音的副總統」，也有呂秀蓮埋怨無事可做，哀怨如深宮怨婦。他與呂前副總統生日同一天，都是六月六日，向他提及此事，問他一個理想的副總統應該是怎樣的？「Really？我以為她是六月七日耶。我是備位元首，扮演輔佐的角色，總統交辦的任務使命必達。」

「蔡總統請我當她的副總統，她說，對啦，你是備位元首，但我希望你可以為臺灣做一些事……」兩年來都做什麼事？他說，年金改革是其一，其二是借助他衛生署和國科會背景，為臺灣五加二生技醫療產業獻策，此外，他得幫總統協調各個部會以及接待外賓，備位元首很忙，兩年下來完全沒有閒著，他說蔡總統總是笑著跟他說：「我看你滿忙的嘛。」

實證精神　熟稔年改

說採訪，更像政令宣導，話題有些枯燥了，我們坐立難安，他見狀笑道：「椅子很難坐吼。」以為他跟我們推心置腹，一語雙關感嘆副總統位置難坐，但很可惜並沒有，當他說椅子難坐，就真的是很難坐的意思。總統府的椅子是李登輝時期留下來的，李前總統長得高，加上外賓個頭大，所以椅子製作得比較深，科學家出身的他，可以從人體工學的角度為我們講解總統府椅子的來歷，但科學家插手年金改革，看得懂精算表嗎？「科技區塊我很在行，科學家基本訓練也有好處，科學家對實證、數據的要求很嚴格。當我來看年金的時候，有相關人員要跟我解釋精算，我說不用啦，我們生物學算生命表，算太久了，精算我很清楚。」

本來家裡都是老婆管錢，他對家庭收入支出毫無概念，但既然接手年金改革，總得要把事情弄清楚：「不只精算報告書，還有年改的來龍去脈，什麼年代十八趴，什麼年代新制舊制銜接，什麼年代沒考慮平均壽命延長和投資報酬率提高，這個需要一些科學的辯證和數量，接手年金改革至今我還算認真啦。」

講起自身專業，科學家口氣篤定起來。他是約翰斯霍普金斯大學流行病學與人類遺傳博士，一九八二年學成歸國，因找出臺灣西南沿海烏腳病病因，而在學界嶄露頭角，此後，小兒麻痺、B型肝炎、肺癌等臺灣各項重大流行病研究無役不與，他亦是國際知名的砷中毒研究專家，其論文被《SCI期刊》引用逾五千次，世界衛生組織、美國聯邦環境保護署邀請他，進行飲水砷含量的風險評估和標準訂定，後來，該飲水安全標準被世界衛生組織、北美、歐盟及許多亞洲國家採用。

熱愛研究　違抗父命

他的父親陳新安是高雄第二屆縣長，是地方派系白派的創始者，父親盼他接棒，延續政治香火，但他抗命，「我剛從美國回來，腦袋只有一件事就是學術研究。我爸爸說阿仁啊，你有博士學位，看起來也不是很醜，要不要出來選個立委？我說選舉要花很多錢，父親說可以幫我募個三、五百萬元，沒有問題。我說那還不如給我錢去做研究，結果他氣得三個月不跟我講話。」

陳新安受日本教育，行事一板一眼，陳建仁在八個兄弟姐妹裡排行老七，父親一早會押著八個孩子去跑操場。他說父親講話，小朋友在旁乖乖站著聽訓，簡直是幕府將軍來著，雖然為了學術研究違抗父命，但三十五歲他升臺大醫學院教授，成為戰後最年輕醫學院教授，父親還是以他為榮。上任那天，父親送來了親寫的俳句：「稻穗越下垂，越飽滿；藤花越下垂，越受人敬愛。」他說，在政壇行事謙和，與人為善，皆得益於父親的身教。二〇〇三年臺灣爆發SARS疫情，他接任衛生署長，抑制了疫情，何以父親要他從政他不肯，後來卻答應了呢？「當時需要有一個科學家來，我若不出來，就是逃避責任。」

訪談中有時提到雙親，六十七歲的他皆稱呼把拔、馬麻，有一種和身分年齡不相襯的童稚，「馬麻說有好東西要先給把拔吃，要我們尊敬把拔。我們晚年跟把拔住在一塊，他喜歡泡澡，我幫他刷背；他生病了，我睡他旁邊，幫他按摩。早年他為了家庭受委屈，自己吞忍不會跟我們說，但晚年互動多，他會跟我訴苦，我們變得很親，人與人溝通沒有距離，我以為那就是在天堂了。」

追求老婆　成為教徒

陳新安是佛教徒，晚年皈依煮雲法師，一九八八年去世。而陳建仁是虔誠天主教徒，若父子情感這樣親密，不怕百年之後不再相見嗎？「我的想法，他現在在天上，我們有一天會再相見。他的骨灰在汐止，我常去跟他講話，晚上會夢到他。選上副總統那天，我上山跟他說我選上了，但我沒有夢見他，不知道他心裡怎麼想，但是我相信，他如果活著，他會說你好好把副總統的工作做好，但副總統也要當個平凡人，過平淡平實的生活。」

生命中兩個父親，一個骨肉血親，一個是天上的父，他開口閉口皆稱天父，信仰已成為生命的一部分。他因妻子羅鳳蘋緣故成為天主教徒，聖名方濟各（Franciscus），獲聖座冊封為聖大額我略爵士與耶路撒冷聖墓騎士團騎士，「我以前高中較毛躁，是尼采追隨者，覺得每個人要超越自己，要做英雄，宣稱上帝已死。我現在的老婆當時是天主教徒，我都開玩笑說我心術不正，為了追求她上教堂，但後來聽神父講道理很感動，我有信仰差別很大，有信仰，就會知道人生命的價值在哪裡，生命的價值是彼此相愛，謙卑地知道自己能做的有限。」

置身地獄　盼獲回應

他說衛生署剛發布要他當署長時，他回家翻開《聖經》，即是這一句話：「你們要在眾人當中為首的，就要做眾人的奴僕。」得到了信心，SARS他被誤解被唾罵，心裡很憂愁，「我太太看了電視轉播也很不捨，她送我一個鑰匙圈，背面是一個十字架，她說：『你願意為了SARS出來，被人家羞辱，你怎麼辦？你不能生氣，看看耶穌基督怎麼走苦路。』沒罪的人都要走苦路，為人類犧牲，我的犧牲算什麼？」

二〇一五年，蔡英文邀他一起並肩打選戰，時任中研院副院長的他沒馬上答應，而是回家問了三個人的意見：中研院的長官李遠哲、天主教臺北總主教洪山川，跟老婆羅鳳蘋，老婆鼓勵他：「好的牧羊人是走進羊群，沾滿羊的氣息。」他想著這句話，便肯了。

我們反問年改這件事已經不是沾滿羊的氣息，而是一身羊騷味了吧？「年改最辛苦時，是當我們丟出橄欖枝或訊息，希望對方有回應時卻踢到鐵板，地獄不是有火或有鬼的地方，而是一個人孤孤單單在那裡，沒有任何溝通、協調，建立人際關係的地方。」教徒不允許自己悲觀，隨即補充，「羊群的氣味不一定是美好的。有人會有謾罵攻擊和批評，但你從他們的謾罵攻擊，去理會他們內心深層的焦慮在哪裡。其實每個來跟我談年改的人，對我來講，他們都是耶穌基督。」

張旭政是全國教師工會總聯合會理事長，曾因年改多次與陳建仁協商會談，年改結果，他們有認同，也有遺憾。他表示，教師多少年資就應累積多少給付，設立所得率天花板，會造成年資所得的不公平。他說陳建仁開會身段柔軟，他們給出意見，他嘴巴雖然講好，講這個很有道理，但也不一定會照做。但他始終是笑笑的，所以反年改火氣這樣大，但很少把氣出在他身上。

結合神學　溝通協調

他信仰天主教，他們一家都是教徒。大女兒念護理系，現在跟安寧教母趙可式工作，小女兒在善牧之家、人本基金會工作，一家人金錢觀念看得很淡。但這樣淡泊金錢的人來從事年改是否會太出世？想到《聖經》中有一個故事，猶太社區領袖問耶穌是否該交稅給羅馬皇帝凱撒？這是陷阱，假使耶穌說抗稅，那是顛覆羅馬帝國；如果說繳稅，那「我是猶太人的王」就不能成立，但耶穌說：「讓上帝的歸上帝，凱撒的歸凱撒。」躲過了這話裡面的明槍與暗箭。

我略帶挑釁地問他教徒插手年金改革，又怎樣解釋政治歸政治，上帝歸上帝這樣的話呢？他口氣沒有起伏，還是一樣的謙和：「其實凱撒還是屬於天主啊，人世間的一切都屬於天主。政治歸政治，天主歸天主，並不是用字面的意義去看，而是當凱撒成為凱撒，是因為有天主的力量，為政者還是有慈悲的胸懷，需要溝通和協調。」對他而言，科學與神學並不牴觸，反而需要結合，才不會走到危險地方，而政壇與神壇也都是一樣的，從政如布道，故而他每天離開家第一件事不是到總統府上班，而是去望平日彌撒，祈禱風調雨順、國泰民安。

——原文刊自《鏡週刊》第九十三期（二〇一八年七月十一日）

照片提供：鏡週刊
攝影：賴智揚

卻把官場做道場　王金平（1941-）

王金平近日出書《橋》，一來是為了從政四十四年做紀錄、二來為了二〇二〇年總統選舉，他字裡行間都是佛教的語言，談論馬王政爭，學佛的人說得雲淡風清：「打擊我的人都是我的活菩薩，給我『逆增上緣』的機會。」立院喬王萬事皆可喬，喬國民黨選舉地方派系，喬太陽花學運，大半輩子東喬西喬，問他的原則是什麼？其回答也是《華嚴經》的字句：「不願己身求安樂，但願眾生得離苦。」

辦公室牆上掛著佛濤大師相贈的書法「無罣礙」，但對明年總統大位卻志在必得，國民黨黨內初選態勢詭譎，但他誓言選到底，其心意與《金剛經》譬喻的金鋼鑽石一樣無堅不摧。

時間是二〇一六年十月三十一日，我們赴立法院訪問王金平。其時，國民黨於總統與立委選舉中慘敗，獨領風騷十七年的立院老院長雖順利當選不分區立委，卻因國民黨立院席次未過半，跌落龍頭寶座，然而到底是歷經嚴家淦、蔣經國、李登輝、陳水扁、馬英九的五朝元老，陽春立委即便遷居鎮江會館，還是分配到最大、最氣派的辦公室。

政壇盛傳他幹完這屆就要告老還鄉，會晤中，他不談來年的鴻鵠志向，只說童年往事和佛法，為證明自己的虔誠，老院長當著我們的面用臺語誦念《心經》，辦公室的座椅極其高大，他整個人陷在裡面，顯得身形渺小，他背後的牆掛著蘇東坡〈念奴嬌〉：大江東去浪滔盡，千古風流人物，詞句對照老院長的際遇，顯得更傷感，然而宦海浮沉，政局難料，轉瞬間驚濤裂岸，他一翻身又重新站在浪頭上了。

二〇一九年三月七日，農曆二月初一，宜祭祀會友，再過十天就要滿七十八歲的王金平選在這日宣布逐鹿明年總統大選寶座。造勢大會在臺北國際會議中心頂樓舉辦，天臺上聚集了近五百名支持者，國民黨立委顏寬恒、蔣萬安、內政部前部長李鴻源、許水德等藍營人士亦到場支持，現場「總統好」、「凍蒜」聲不斷，他一席演說不說九二共識了，而是引述前南非總統曼德拉的話「想與敵人和平共處，就必須與敵人合作，然後他就能成為你的夥伴」，當日，冷鋒過境，陰冷有雨，達官顯貴躲在廉價塑膠雨衣裡發抖，顯得狼狽，但司儀借題發揮，說「春雨綿綿滋潤臺灣，要讓臺灣錢再度淹腳目」，壞天氣即刻變成好彩頭。

阮有才調 揪藍綠做夥

他生日的前六天，我們重回他鎮江街辦公室訪問。一九七五年當選立委，從政四十四年，他遇事沉著處理（不是存摺處理），這次卻一馬當先，率先表態參選總統，問他哪裡來的自信和把握？「國內外你爭我奪，內耗嚴重，藍的執政綠的打，綠的執政藍的打，莫衷一是，這國家怎麼辦？長久下去怎麼辦？」他用國語自抒己見，旋即又切換臺語表明心跡：「阮有才調（才能）揪藍綠做夥，揪世代做夥，綜合大家欸意見，做夥討論、磨合，有共同結論，才能團結，阮做十七年的院長，攏咧處理國內重大法案和預算，這阮有經驗啦⋯⋯。」他侃侃而談參選理念，我們的視線落在他背後的牆，蘇東坡不見了，取而代之是中華民國國旗和國父遺像。

二〇一八年國民黨地方首長選舉大勝，氣勢正旺，二〇二〇年總統大選彷彿推顆西瓜，躺著選誰都贏，外界研判王金平之所以如此篤定，與他二〇一八年成功整合國民黨地方派系有關。造勢大會上，他說自己是有經驗的船長，要讓臺灣如航空母艦航向世界，國民黨當家作主的是吳敦義，但黨內卻也沒有比他實力更堅強的地下戰艦：他臺中喬紅黑兩派、喬企業界幫盧秀燕、他喬自己辦公室顧問許福明出馬輔選王惠美、喬嘉義、喬澎湖、更遑論在老家高雄喬所有的金錢和人脈資源，幫韓國瑜辦三山造勢大會，發豪語說：「要讓韓國瑜只靠一碗滷肉飯和一瓶礦泉水，就能當選市長。」資深媒體人蔡玉真說：「別人出來選舉可能賠錢，但他可能還倒賺，因為他藏富於民間，外界欠他人情債太多了。」

立院喬王　沒啥不應該

立院喬王不是當假的，新書以《橋》名之，讓人不大做文章都很難，「大家都說我很會喬，但於法不容的事我也喬不來。」他說得理直氣壯：「說到底，喬就是一種協商，把事情處理好的一種工具，本身不帶負面的意義，民主運作中協商和交換是必要的，只要出發點是為了國家人民利益，手段是光明正大，喬沒有什麼不應該的。」

他喬選舉，也喬太陽花學運，最後是他出馬拆導火線，學者姚人多感嘆：「這場充滿神聖性格的太陽花學運之完美結局，竟然是由這樣一位政壇暗黑界的代表一手喬出來的。」人稱「公道伯」的他，周旋藍綠紅白橘之間，游刃有餘，民進黨團總召柯建銘都不諱言地說：「我三分之一對付國民黨，三分之一整合民進黨，三分之一協助王院長。」王金平自豪父親給了自己好名字，「王金平」拿來做競選網站Logo，說三個字從中間剖開，兩邊不多不少剛剛好，左右均衡，代表自己走中道，不偏不倚，不偏向哪一邊。

「阮欽名字係阮出世，鄉公所提供乎阮老爸參考。」公道伯待人處世很公平，而且從小就是。他出身高雄路竹鄉下富農家庭，家中曾有田地十幾甲，大家族幾房兄弟住一塊，十來個堂兄弟排行老三，自幼是囝仔頭，農忙時期帶弟弟、妹妹到田裡幫忙、厝內飼狗，分配家務，大家都服氣。「阮老父欸兄弟諧和，有公無私，攏為家庭奉獻，」大家族將家族利益置於個人利益之上，他念師大數學系，畢業後任教彰化進德中學，尹衍樑是他的學生，但家族生意跨足農產品加工、進出口貿易，事業做得風生水起，他放下鐵飯碗，返鄉協助父兄。

沒有敵人　被當萬應公

一九七五年，他三十四歲，為了家族事業版圖，他擔任高雄縣工業會理事長，獲當時高雄縣長林淵源賞識，當年立委補選，老縣長說派「王董欸小弟」出來選，「立法委員、監察委員衝啥毀，阮攏毋哉（不知道）。」長輩們向他解釋立委做什麼，他全無主見，僅說：「你們決定就好。」

第一次選舉就當選，而且是十九萬票，是全國最年輕的立法委員。他說國民黨官場文化排資論輩，應對進退最難拿捏，「彼一時陣，黨內有ＣＣ派、座談會派、黨中央派、劉家畫派……我參加座談會派，抵武昌街十八號，明星咖啡館對面、城隍廟對面開會，大家都知道背後老闆是蔣經國……。」當年政壇菜鳥坐在我們面前追憶往事，四十四年光陰匆匆過去，他已然是立院最年邁的元老。問他走跳政壇四十餘載武功心法為何？他給了八字真訣：「凡事圓滿，善緣常臨。」

一九九三年，國民黨欲通過國安三法，王金平主持議事，立委陳婉真為抗議非法表決，跳上臺拿紅色垃圾桶往他頭上蓋下去，王金平不以為忤，笑笑地說還好垃圾桶是紅色的；二〇一三年馬王相爭，淡出政壇的陳婉真跳出來為昔日的敵人叫屈，誇他身段柔軟：「每年生日、過年，他（王金平）都一定寄卡片給我。」邱毅罵王金平「藍皮綠骨」，邱毅坐牢，王金平把自己每日誦念的《金剛經》贈與邱毅。

「馬英九沒有朋友，王金平沒有敵人。」立法院同仁、金控老闆、工商行號，有求於他，凡他能力所及，他都會伸出援手，故而有「萬應公」之稱。資深媒體人鄭佩芬曾說：「立委拿著一張七位數字的巨額支票找他調頭寸，他二話不說撕了支票，順手把本來為別人準備的一落現金拿給該名立委，從此以後，這位立委無論人前人後，甚至在媒體前公開發言，均尊稱他一聲阿叔。每逢立法委員選舉，王金平會像個大家長全臺走透透，不分藍綠，每位候選人或多或少都能得到約六位數的贊助經費。對選舉末期，經費捉襟見肘、焦頭爛額的候選人而言，直如久旱逢甘霖，當然對王院長的貼心感激不盡。」

誰善誰惡　心中一把尺

「施明德曾說您是萬應公有求必應，沒有原則，不適合當總統欸。」這樣的性格頗具爭議，我們詰問他。

「那是伊過去的看法，伊今嘛欸看法不同款。」面對我們質疑，他音調未有起伏，侃侃而談。

「那政客跟政治家差別在哪裡？」

「政客是為己、為私利，政治家是有宏觀啊，為了造福眾生，利益眾生，阮沒私利啊，阮若有乎汝講嘛，十七年來汝看阮有私心嗎？」政壇打滾四十四年，說起話來四平八穩。

「但立法院各據山頭，有藍有綠，有黑也有白，您把每個人當好人啊，是否會讓人覺得是非不分呢？」

「有人講阮黑金，但阮並沒跟人同流合汙啊，沒錯，立法院同事有黑道背景的，但伊沒找阮做壞事，伊是委員身分，是阮欸同事，不能遠離他、藐視他、拒絕他，我們要結善緣，不能有分別心，伊欸好壞都在阮心裡，好欸代誌阮配合，不好的代誌阮不會協助，是非善惡，心中有一把尺阮拿得定。」

「那您的原則是什麼嘛？」

「我的原則是儒釋道的核心精神要體現啊，政治走中道，經濟走正道，社會走公道，這是儒家基本思想，大道之行也天下為公，選賢與能，講信修睦……。」他扛出了〈禮運大同篇〉，把幼有所養、老有所終結合青年就業和長照，發表了一遍政見，旋即又用《華嚴經》做補充：「我的大原則是不為己身求安樂，但願眾生得離苦。」

他整場訪問開口閉口都是佛教修辭，二〇一八年曾提宗教法惹爭議的他是三寶弟子，皈依佛門的原由，是一九八六年，他未獲國民黨提名，夫妻倆只好勤跑基層固樁，其時，妻子陳彩蓮走路不順，檢查罹患類風濕性關節炎，但因忙碌只能吃藥止痛。隔年，支持不住了，一天夜裡跟王金平說話語重心長，有點交代後事的味道，王金平第二天就把她送到六龜妙崇寺。陳彩蓮在寺廟靜養，身心得到安慰，精神好轉，夫妻於是皈依佛門。

他與妻子婚後十年間，陳彩蓮不斷流產，後來終於連生兩女一子。他與妻子感情好，有一傳聞說二〇一六年國民黨總統黨內初選，他打算領表登記，正準備要出門了，妻子死命從輪椅站起來，擋在門口不讓他選，我們向他求證：「對，第一遍，伊不讓阮選，伊講我們好好退休，好好過晚年生活，我尊重伊。這遍人家要徵召，換汝要尊重我，因為伊知影阮為國家，有公無私，不是為自己，就不反對了。」

從政四十四年，跟劉松藩爭立院龍頭，跟馬英九爭國民黨黨主席，這次又要跟吳敦義、朱立倫爭黨內初選。爭與不爭，早年有師父開示他，凡事自有因緣，要像葡萄成熟時，靜待因緣成熟。問他這次一馬當先是因緣成熟，水到渠成了嗎？

他呵呵笑了兩聲：「此遍阮有自己欵想法，阮有信心，但此遍阮沒有去請教師父。」

消弭對立　參選要做到

開口閉口佛經，二〇一三年他赴馬來西亞參加女兒婚禮，馬英九開記者會指控他關說，返臺飛機上，他拿出《金剛經》誦念，問他到底從《金剛經》得到了什麼？「公衙門裡好修行，代誌本來就是安捏，文殊菩薩欸教育教導我們日常生活的智慧，要體現、要奉行祂的教育，要對人好，對人善，凡事替人想，立場對人想，對人要有禮貌，要體貼，要有慈悲心。」

「怎麼看待貪嗔癡？」

「貪嗔癡不可以，要常養戒定慧，熄滅貪嗔癡。」

我們視線轉向另外一堵牆，上頭掛著佛濤大師相贈的書法，寫著「無罣礙」三個字，忍不住又問：「牆上掛著無罣礙，但您要出來選總統欸……。」

「我立志，第一國家要讓她安全，第二社會要安定，社會安定這個我做得到，別人甘做欸夠？政府要開國是會議，藍的袂願去，攏嘛綠的家己開啊，我會要大家來，誠心誠意取得共識，有和諧就團結，你不能反對，大家歡歡喜喜，實踐主張理念，國家才能和諧，我的工作就是這個，我認為我做得到，我有誠心、耐心、包容心，請大家一起來談，我要出來選就是這樣，世代對立，族群對立，勞資對立，不解決可以嗎？」

他完全答非所問，我們大概只能猜想他參選的心意跟金鋼鑽石一樣堅硬了。問吳敦義設下三成黨員七成民調門檻，參選之路困難重重，他老神在在地說：「我有我因應的布局，已經在做了，我對自己的選舉很有信心。」眼前有太陽相爭，身後有韓國瑜后羿緊追在後，民調落後，他氣定神閒地說：「世事如棋，乾坤莫測，看事態千變萬化，靜觀人性演出，看透了宇宙現象因果關係，就可以笑盡天下英雄。」

布袋戲迷　欣賞一頁書

不愧是資深霹靂布袋戲迷，這樣的時刻還能援用自已最喜歡的人物「一頁書」的話來自勉，「阮自細漢愛看布袋戲，大人幫神明祝壽，請布袋戲，學忠孝節義，仁義禮善，好人雖然過程被人陷害，但很少有悲劇英雄，」他念起素還真的出場：「半神半聖亦半仙，全儒全道是全賢。腦中真書藏萬卷，掌握文武半邊天，代表伊抹出來……」我們連忙提醒他：「素還真好像也是吳敦義最欣賞的角色。」他悠悠地補充一句：「素還真係江湖上欸角色，政壇欸角色，江湖上代誌伊莫法度擺平，一頁書就出面了，一頁書欸角色超越了一般的江湖，伊有佛學、武學可以克服治理江湖，讓正義得以伸張……。」

他說的是布袋戲人物的愛憎，也是政壇的掌中乾坤，遇境似有，境滅還無，戲臺下站了一輩子，馬上就要過七十八歲大壽的他，也只有這一次機會了，「下午三立訪問我至今，我轉回這裡，我有倦容嗎？我的腦子有不清楚嗎？心智健康最重要。」因此，他全然不認老：「經驗是最寶貴的，經驗是智慧展現，你看蔣經國任命閣員要有經驗，一個職位、一個職位的培育，一步一步來，現在沒有經驗就當部長，所制定的政策亂七八糟，我心智很正常，身體很健康，我十七年經驗內內外外是無人能及。」

——原文刊自《鏡週刊》第一二九期（二〇一九年三月二十日）

照片提供：鏡週刊
攝影：鄒保祥

改變與堅持　蔡英文（1956-）

二〇二〇年的臺灣總統大選，蔡英文不僅再次贏得了勝利，還拿下歷史新高的八百一十七萬票，區域與不分區立委席次過半，總席次達六成，再度實現「完全執政」。臺灣每一次選舉都在說一個勵志故事，陳水扁的故事是三級貧戶力爭上游，韓國瑜的故事是中年失業魯蛇的逆襲，至於蔡英文的故事，則是面對逆境，堅持是有用的，努力是有用的。

史上最高得票成了她第二個任期的後盾，證明《反滲透法》沒有錯，同婚法案沒有錯，年金改革沒有錯，做對的事不會改變，期許未來四年，她不會忘記承諾，留下一個更好的國家給臺灣人。

明天是李登輝九十七歲生日。

蔡英文和陳菊今天提前去拜會李登輝，停留約半小時。李也當場向蔡英文連任成功表達祝賀之意。

關於蔡英文種種公開照片，有一張照片在腦海永遠無法抹滅——冷靜自持的蔡英文依偎在李登輝罕見地真情流露，那笑容，那快樂，簡直是一對父女。

某種程度，李登輝和蔡英文也是精神上的父女。

二〇一八年春天，我們曾經到永和官邸訪問蔡英文，坐在她的小客廳，她說父親蔡潔生跟李登輝是舊識，某年，她陪父親來此拜會李登輝，也是在同一個客廳，老友天南地北聊天，她坐在一旁靜靜地聽，唯一一句話就是：「爸，已經十一點了，我們該回家了。」

蔡是在李登輝的年代培養起來的。一九八四年，蔡英文二十八歲，倫敦政經學院畢業，聽爸爸的話回臺灣，在政大教書，當法律學者，她會在經濟部擔任顧問長達十多年，累積技術官僚的經驗，或者和父執輩的交情不無關係。

李登輝暗助陳水扁登大位，公元兩千年改朝換代，蔡英文被延攬擔任陸委會主委，陳水扁刻意將涉外事務交給前朝人馬，一般的理解是李登輝的託付。

應該可以這麼說——她是李登輝送進去民進黨當養女的。

她二〇〇四年才加入民進黨，從陸委會主委到不分區立委，她踏入政壇其實已經很晚很晚，她甚至沒有想當政治人物，她的政治色彩淡到二〇〇八年傳說馬英九曾經想要跟她搭擋競選總統！（John F. Copper, *The KMT Returns to Power: Elections in Taiwan 2008-2012*, 2016, pp. 188）

世事造化，她二〇〇八年跑去競選民進黨黨主席，除了辜寬敏和蔡同榮，並未有什麼天王天后競逐，其實可以說是民進黨家道中落，各派各房沒人想當家，爛攤子只好丟給這個抱來的養女。最後的事情大家都知道，她撐起家業，可因為是抱來的，即便振興家業，各房也沒把她當一回事。二〇一八年訪問呂秀蓮，講到美麗島事件，呂略帶輕蔑地說我們在美麗島抗爭的時候，她不知道在哪裡呢。做訪問時偶爾會請益一些新潮流的大老，嫌她怯弱，做事抓小不抓大，其實也不是很看得起她。

民進黨的家務事，其實就是一齣民視鄉土劇，抱來的，哪有嫡系長房大孫來得矜貴？民進黨器重寒窗苦讀、力爭上游當上醫生的賴清德（ＡＫＡ臺獨王子），甚至到後來她精神上的父親對她也多有微詞，稱她缺乏決斷力和勇氣，改誇賴金孫。誰都眼巴巴看著她出錯，瞧她二〇一九年黨內初選她被酸得多慘。

或者我們也可以這樣大膽臆測，蔡英文是庶出，原生家庭有十個兄弟姐妹，即便么女受寵，這樣的環境長大，不免看人眼色，規行矩步，故而全無老么的嬌氣，在一齣政黨鄉土劇扮演養女的角色也不是太困難的事。

環境造就個性，個性也造就她的命運。她的一切與個性的堅忍也不無關聯。一八年中央社訪問她，設計了一份快問快答，問她最喜歡的電影人物，她說可以回答兩個嗎？「一個是長日將盡的安東尼霍普金斯，一個是冰原歷險記的喜德。」

安東尼霍普金斯！是了，忍人所不能忍，苦苦壓抑情感的管家，優雅而自持，這一切都有了解釋。

有定見，有耐心，這樣的人不怕失敗，臺灣政壇人物泰半自戀，馬英九賴金孫柯文哲呂秀蓮，韓國瑜自嘲是一個例外，蔡英文的自律自持又是另外一個（她精神上的父親應該也是這個），政治人物的政治賽局比較像話啪啦Ken，或剪刀石頭布，唯獨她是下圍棋，高瞻遠矚，長遠布局。

這樣的人是不怕失敗的，看她一〇年選新北市長敗給朱立倫，一二年選總統敗給馬英九，甚至是一八年民進黨大敗，遭到個人羞辱式的批評。但有布局的人全然不怕，看她二〇一二年那動人的敗選感言多動人，多有風度，因為要贏的人全然知道要怎麼輸。

故而二〇一九年六月她接受TVBS專訪如此說道：「政治是禍福相倚，當失敗了以後，盲點浮現，你反而有自信起來。如果只要做一個什麼事情都不做，只要發津貼的政府，我也可以做啊，大家會喜歡我多一點。我知道我不夠果決，不夠勇敢。但如果說真心話，一個不夠果決不夠勇敢的總統，她敢去做年金改革嗎？她敢花三年的時間去做稅改，然後再三年時間人民才感受得到，我敢不敢去承擔風險？一個總統除了要勇敢要果決，有時候她還要忍辱負重。」

她用堅強意志力扭轉了頹勢，選前的最後星期五，我在蔡英文總部，下午四點掃街車隊班師回朝，擠在騎樓第一排，是歐美老外，是香港政界觀摩團。是跟著導遊小旗子走來走去的日本人，他們在總部買完英粉泡麵帽子，約好時間集合上車。看到蔡英文繞境回鑾，好優雅的日本太太揮舞旗子，小小聲地尖叫著，好像看到寶塚女優蒞臨。其中還碰到一個越南大學生，因為臺灣是亞洲第一個通過同婚法，對他是一種盼望，特意花兩週來臺灣看看。造勢之夜，自由廣場國圖馬路封街，好多香港人在空蕩蕩的馬路喊時代革命，光復香港，旁邊旁邊有警察，他們笑眯眯地說有警察啊，不會吃催淚彈。

競選總部色系是桑青與桃紅，未見國旗國徽，但也未見民進黨綠色十字臺灣黨旗，前幾年某新潮流大老譏笑她是文青治國，但人家已經形成一種美學，形成一種氣度，她的選前之夜不搞悲情，不用誰下跪，她理直氣壯地喊：「加薪，我做到了。減稅，我做了。長照，我做了。幼托，我做了，年金改革我做了，國防改革我做了，能源改革我做了，臺商回流我做了，社會住宅我做了，婚姻平權我也做了，經濟結構轉型我做了，社會安全網的強化我做了，民主防衛機制的建構，我也做了。」最後，「拒絕一國兩制，我也為兩千三百萬人民做到了！」

臺灣選舉是家務事，是天下事。小島選舉結果牽動太平洋島鏈國家局勢，島內的選舉變成白宮和中南海國際角力，兩雄相爭，她的深思熟慮和沉穩，則為臺灣自美方贏來史上最多的外交利益。

完全繼承了精神父親的意志，甚至走得更遠，管他養女金孫，管他嫡系庶出，我當家，我作主，我就是答案。（我本來要寫這是探春從後四十回逆寫《紅樓夢》的故事，但想想民進黨也沒這樣優雅，不到曹雪芹的高度，頂多就是汪笨湖的《臺灣紅樓夢》。）

臺灣每一次選舉都在說一個勵志故事，陳水扁的故事是三級貧戶力爭上游，韓國瑜的故事是中年失業魯蛇的逆襲，至於蔡英文的故事，則是面對逆境，堅持是有用的，努力是有用的。二〇二〇總統大選，八百一十七萬票說的是《反滲透法》沒有錯，同婚法案沒有錯，年金改革沒有錯，臺灣是一個主權獨立的國家，人民和蔡英文用選票守護了民主，改革不走回頭路，民主，往前進了一步。

——本文〈改變與堅持〉有兩個版本，一為二〇二〇年一月十四號發表在鏡週刊的特稿，一篇是發表在個人粉專《對我說髒話》的網路版，此書收入係網路改寫版。當年選舉，蔡英文改變選舉策略，不接受傳統媒體訪問，只和網路KOL互動，該文訪問基礎係根據二〇一八年官邸的專訪和選前跑了十餘場選舉場子和訪問十餘名幕僚寫成。收入在本書的版本，更口語，更符合社群媒體屬性，然發表在網路上超過一萬人分享，百萬觸及的紀錄，亦見證了紙媒的興衰起落，媒體生態改變，時代是如何轉了彎。

照片提供：鏡週刊
攝影：姜永年

我不是我的我　李登輝（1923-2020）

李登輝晚年演講常把「我不是我的我」掛在嘴邊，意即在「我」之外，還有一個更高的自我實現。從岩里政男到李登輝，他當過日本軍官，打過二次世界大戰；他是臺灣人，經歷過二二八事件；參加共產黨讀書會，嘗過國民黨白色恐怖的滋味；又加入國民黨，當臺北市長、省主席、副總統，直至中華民國總統。

李登輝不是李登輝的李登輝，他用他這一生實踐了這句話。而臺灣何嘗不是在歷史的鏡子面前問「我是誰」，蔣經國「革新保臺」、李登輝「中華民國臺灣化」、陳水扁「一臺一中」、馬英九「聯共制臺」和蔡英文的「中華民國臺灣」，主政十二年，李登輝不是李登輝的李登輝，在他的寧靜革命下，臺灣不是臺灣的臺灣。

二〇一五年，我們曾在翠山莊訪問李登輝，那一年，他已經九十三歲了，卸任國家元首住外雙溪翠山莊，寓所裝潢雅緻如同博物館，玄關擺著日本首相安倍晉三送來的蘭花。

九十幾歲的老人，雖然聽力有些退化，得在他耳邊大聲說話、慢慢說話，但白眉銀髮梳得一絲不苟，西裝畢挺，猶有紳士派頭。據說李登輝每逢身體有恙開刀前，必要幕僚拿鏡子給他端詳自己的容貌。

茫然時攬鏡 始自警總約談

向他求證這個消息的真偽，他說彼時是心臟血管塞住，赴日本九州開刀，手術過程中，血管被刺破，痛得快支撐不了，得開第二次刀，「我照鏡係欲看家己欽面容，彼一時陣面色真正歹看，心內想袂完蛋了，彼時陣八十餘歲，想欲看家己最後一面到底是安怎。」

一九六八年，李登輝自康乃爾大學取得博士學位，回農復會工作，因被懷疑與海外臺獨分子結交，數次遭警備總部約談，第一次約談時間長達十七個小時，再來是七天。親信說，他離家去警總前，站在鏡子前凝視自己，檢查自己有無失態，儀表是否良好。此後，他面對茫茫未知，必得照鏡子。

他面對外界，無論儀態和內在，都打理得無懈可擊。他說他二十歲之後就不寫日記了，不像兩蔣留有大量日記，詳述內心百轉千迴，但面對訪問，已經建立脈絡清晰的思想體系。

他一下拿出桌上的資料為其論述佐證，一下要幕僚去書房找出哪本書，念給我們聽，證明自己說法無誤。說是訪問，其實更像是讀書會，開出來的書單都是「李登輝學」的欽定文獻：影響他深刻的一本書是湯瑪斯・卡萊爾的《衣裳哲學》跟歌德《浮士德》，自己的核心價值都在旅日作家黃文雄的《李登輝的原点》（中文譯本《哲人政治家：李登輝之「我」》），「這本書交代我的生死觀、歷史觀，第四章〈超越〉，係從尼采的超越理論來欵，做為一個領導者，這是必要的。要寫我的代誌，這本冊真重要。」

「阮老父之前當刑事，汐止三芝南港，我讀冊學校隨著伊的職務搬來搬去，沒朋友只好看冊，看小說、雜誌。有一擺，我跟老父要四塊錢買一本《兒童百科全書》，裡面知識真豐富，我猶擱記著彼一本冊有紅色封面、大大本，彼一本讀完喔，厚……。親像全世界的事情攏總知影啦，彼時，我就體會增加知識是人的願望。開始讀冊的時候，自我意識變強，覺得代誌樣樣知道，感覺老師講的不對，看不起朋友。」

偕妻成教徒 引《舊約》比摩西

閱讀讓他自我強大，故而少年時代在乎的就兩件大事：一則是克服強大自我，二則開始想人為何會死、死了又如何，他說家中人丁不旺，只有七個人，十六歲時阿嬤過世，他開始思考生死大事，「為著超越自我，我去坐禪，自我克服之後，就欲追求更大的物件。二、三十歲之後，想欲知影世上有無神的存在，臺北所有欸教會行五年，一個禮拜有五天攏抵教會，因為不相信。不相信的理由真簡單，因為人的科學意識跟心靈意識，科學欸意識是啥米？有沒有合理化、普遍化和實證主義。有存在才相信，就親像耶穌的學生多馬同款，你看到了，你才要去信神。」

他因為妻子曾文惠的緣故受洗，起初半信半疑，後來當省主席時，兒子李憲文鼻咽癌過世，初任總統時，面對李煥、郝柏村等國民黨外省派系逼宮，支撐他的還是信仰。一九九四年，他接受日本小說家司馬遼太郎訪問，自比《舊約》中將紅海劈成兩半，帶領猶太人出埃及脫離為奴境遇的摩西，他把從政當成他人生的《出埃及記》。

他引述了《衣裳哲學》的話，說書中教授失戀、失業，陷入一種「永遠的否定」，可當他理解人世間的一切是怎麼回事，又來到「永遠的肯定」階段，那種超越是一種「無關心的中心」狀態，唯有歷經這樣的過程，人才能擺脫虛無迷障而獲得自由。「每一個人欸一生，攏愛反省家己，歷經自我，才有自由，國家也是這樣。」老去的元首受訪，回憶過往，不談豐功偉業，反倒像是來幫我們上哲學課，那簡直是柏拉圖的「哲學家皇帝」了。

「我不是我的我，在『我』之外，還有一個更高的自我實現。」老總統卸任後，大抵是不用跟老國民黨員周旋了，華語講得期期艾艾，受訪中，他多半以臺語夾雜著日文應答，語言的流轉即臺灣四百年紛亂的殖民史，從岩里政男到李登輝，我不是我的我。他當過日本軍官，打過二次世界大戰；他也是臺灣人，經歷過二二八事件；他參加共產黨讀書會、嘗過國民黨白色恐怖的滋味；卻又加入國民黨，當臺北市長、省主席、副總統，直至中華民國總統。

主政十二年 是榮耀也招謗

從美國《時代》雜誌報導中的「民主先生」到民間的「阿輝伯」，主政十二年，完成臺灣的民主化，國會全面改選、總統直選、政黨政治架構的建立、軍隊國家化與嚴守中立，以及言論、集會等基本自由，使得人民免於白色恐怖與高壓威權。但李登輝對臺灣的貢獻，也正是招謗之處。老國民黨員斥責他黑金濫權、國安密帳牽扯不清，他主張「釣魚臺是日本的」，國民黨文傳會副主委胡文琦羞辱他「四不一沒有」：「不忠、不孝、不節、不義，沒有禮義廉恥」。

李登輝不是李登輝的李登輝，他用一生為少年時的疑惑找到答案，完成了更高的自我實踐，而臺灣四百年史何嘗不是在歷史面前問「我是誰」。一九四九年後，臺灣是蔣介石「據臺獨裁」、蔣經國「革新保臺」、李登輝「中華民國臺灣化」、陳水扁「一臺一中」、馬英九「聯共制臺」和蔡英文的「中華民國臺灣」，他說「脫古革新」，主政十二年，李登輝不是李登輝的李登輝，在他的寧靜革命下，臺灣不是臺灣的臺灣。

訪問尾聲，幕僚頻頻在他身後向我們使眼色，說該讓老先生休息了，但他話匣子一開，似乎沒有停下來的意思，眼神有些迷茫，不與我們對望，已然是一種獨白了。祖母肝癌，大哥家中幾人都是肝癌，母親子宮癌，獨子李憲文鼻咽癌，唯獨他沒有，像抽籤沒抽中，但九十多歲的老人嘆自己也活得夠久了，再活個四、五年就差不多了，那話有一種夕陽餘暉的傷感，但老人家身體真勇健，四、五年間還可以表態支持蔡英文，賴清德、柯文哲都要來拜會，沾沾民主先生的光環。

培育臺灣牛　完成畜牧拼圖

二〇一六年七月底，高齡九十四歲的他仍赴日本石垣島考察，隔年投身養牛事業，培育臺灣和牛「源興牛」。李登輝辦公室主任王燕軍說：「臺灣的養豬業，是學農的李前總統一手規畫和建立起來的，所以李前總統還有一個養牛夢，希望能培育出屬於臺灣自己的肉牛牛種，為臺灣畜牧業經濟版圖，完成最後一塊拼圖。」

少年自我意識強大的人，終生意志強大，我想到那次我們問他生死大事，家人應該會很不捨，「我若要死，我不會哭，我家人也不會哭。我隨時都準備著。不要想這麼嚴重，莫問太太會艱苦否，恁少年郎講的話跟我們的生活都不同款，荏荏（軟弱）。」老總統的話言猶在耳，「太太流目屎有啥米！愛面對現實，愛勇敢，這個很重要。」

——二〇一五年《壹週刊》人物組記者組採訪團赴翠山莊訪問李登輝先生，主訪是鄭進耀先生。此文為二〇二〇年七月李登輝先生逝世後，發表於《鏡週刊》第二〇一期李登輝紀念專刊（二〇二〇年八月五日）的紀念文章，係根據當年錄音檔寫出自己在歷史現場另一種角度的觀察。

代後記

一場未完成的訪問　文夏

家住永和，工作的地方在內湖，生活動線大抵如此：捷運頂溪站搭橘線到古亭，轉綠線至松山站，又或者橘線自頂溪到松江南京，轉綠線到松山，兩條路線殊途同歸，皆是出火車站，騎You Bike或搭公車到內湖上班，回家尋相同的路線折返，應酬、約會和社交，皆落在沿途兩條路線停靠的中山、西門與公館。橘、綠兩線，堪稱日常生活裡的任督二脈。

橘線中和段，偶爾頂溪到站不下車，搭到終點站南勢角，烘爐地土地公廟、圓通寺、華新街的緬甸米干跟來滋烤鴨，吃喝玩樂，不愁無處可去，可是列車反方向，便止步於大橋頭。大橋頭的大橋，意指橫跨淡水河的臺北大橋，河對岸的三重或者新莊有什麼？全然陌生。跨越不過大橋頭，除了受限於日常生活動線，其實也是心理障礙。

若干年前，在大橋頭訪問過歐吉桑。嚴格來說，那個會晤連訪問都稱不上，捷運二號出口出站，和歐吉桑約在他家附近的咖啡館，單純表明心跡，說想代表自己服務的雜誌社採訪歐吉桑、角度要怎麼切、報導做幾頁都想得妥當，未料，毆吉桑全程不耐煩，每個問題皆以無情的句點扣殺。例如大讚口述傳記《文夏唱／暢遊人間物語》太精采，讀罷意猶未盡，敲碗第二集，他一句話堵死：「一本冊愛寫足濟年，費氣，你是欲幫我寫膩？」不出書，不出新專輯，那學時下歌手先來個一首、兩首放網路讓死忠粉絲過過癮啊，他吐槽：「彼抉曉啦，這馬無人買唱片啦，你愛阮去Seven，邊唱邊賣膩？」來來回回幾個過招皆碰壁，求證生命中幾樁大事的正確年分，他不耐煩地說：「無咧記彼啦，兩、三年前的代誌攏無咧記矣，我哪會記遮爾古早的代誌。」

被噹得七暈八素，並非沒有做功課。歐吉桑的歌從少年時代聽到現在，依舊在歌單裡，自忖還有一定程度的了解。上世紀九〇年代，聽歌不在iTunes或Spotify，而是CD和音響，城市鬧區隨處可見玫瑰大眾唱片、Tower Records。唱片行買專輯分紅標與綠標，臺語歌除卻江蕙、黃乙玲，還有一區亞洲唱片專區，洪一峰、郭金發、紀露霞……。封面一律牛皮紙包裝，彷彿志文新潮文庫洪範叢書形成書系，辨識度極高，其中歐吉桑的專輯占比極高，《文夏的行船人》、《文夏的演歌》、《文夏的港都》……每張專輯皆有特定主題，頗有概念專輯的味道。作品一字排開，兵強馬壯，氣勢硬是比他人還強。

其時，對歐吉桑的來歷一知半解，看過他上過幾集豬哥亮餐廳秀錄影帶，方興未艾的黨外運動總將〈黃昏的故鄉〉、〈媽媽請你也保重〉放得震天作響。然而專輯入手，並非本土意識抬頭，而是亞洲唱片總是被放在綠標價格，一張一百二十塊，單純是貪小便宜，但聽到後來是真心喜歡。大學時代在書店打工，上班可聽自己帶去的專輯，歐吉桑的CD放進音響，按下播放鍵，書店的氣氛為之一變。歌聲裡每句臺灣話都聽得懂，可是那聲腔、咬字卻無比陌生，如泣如訴的歌聲充斥書店每個角落，有奇特的異國情調，整個空間彷彿透過海鮮店褐色的啤酒杯望出去，充斥金色的光輝。起初鍾意的是〈男性的復仇〉、〈青春悲喜曲〉口白歌，彷彿廣播劇，有惡趣味。可後來曲目走到〈漂浪之女〉、〈悲戀的酒杯〉，哀傷的吟哦，聽著聽著就恍惚起來，「錯愛的車輪，輾轉誤了青春，像花落沉在苦海，不是愛情奴隸。心內有你一人，紅的心血，白的純情永遠，送所愛的人。」歌詞古意而直白，歌聲亦如音響雷射光束直直投射在心上，一轉一轉地旋轉起來。

此後，專輯一張一張買，網路陸續蒐集歐吉桑的資料，對傳奇歌王的身世也能拼湊出個大致輪廓：歐吉桑本名王瑞河，一九二八年五月二十日出生臺南麻豆，父母在臺南經營「文化洋裝店」，母親設裁縫學校，開班授徒。父親開布行，當布業公會理事長，一件洋裝從布料、到剪裁、到販售的旅行，上下環節一網打盡，在府城一時風頭無兩。王家是基督徒，瑞河小朋友幼年在教會唱詩班展現音樂天分，小學畢業，赴日本工業學校讀書，課餘與宮下常雄學聲樂與樂理。一九四五年，臺灣光復，小瑞河返臺，父親安排入臺南高商讀高中，盼長子能克紹箕裘，繼承家業。然而他未能忘情音樂，與同窗許文龍組「夜之樂團」，十八歲就創作〈漂浪之女〉、〈南國的賣花姑娘〉，在南臺灣闖出響亮名號，順理成章出唱片，他取其母親「文化洋裝店」的名號諧音，以「文夏」之名出道，風靡全臺，此後，有收音機、老曲盤之處，皆有文夏，他灌唱片、拍臺語電影，堪稱臺灣戰後初代偶像。他真正唱出「鄉親的口味」，悲戀公路上的快車小姐，流浪天涯的兄妹，聽著聽著都在歌裡流下歡喜的眼淚，寬解了悲傷。六〇年代，電視興起，限制方言節目播放時數，一天僅能播放兩首臺語歌曲，無疑是掐住了臺灣歌謠的咽喉，兼以戒嚴時代有歌曲審查制度，歌王有近百首歌曲遭禁，理由是妨害社會善良風俗、反映時代錯誤。七〇年代初期，時不我予，遂遠走他鄉，在日本箱根等溫泉鄉走唱，至八〇年代歌廳秀大熱，捲土重來復出歌壇……。

依稀記得歌廳秀錄影帶裡，豬哥亮虧他：「是真正好命囝」，他謙稱至今尚為三餐煩惱，豬哥亮頂一句：「啊就三頓煩惱毋知影愛食沙西米、壽司，抑是鮑魚魚翅。」出身富貴人家，早年留日返臺發片旋即躍升一代巨星，然而從寶島偶像到禁歌之王，那抑鬱之感為何？貴公子盛年流落日本溫泉鄉按著客人的要求，唱著故鄉的情歌，可會心有不甘？網路上的資料可以拼湊這個人的形象，但他內心的愛憎為何？那是自己最想知道的事，可歐吉桑三緘其口，「政治，我不要講，私人的事情我也不想講，我又不認識你，我的祕密共你講欲創啥。」訪問途中，見他有幾個神采飛揚的表情，忍不住拿起相機拍照，他見狀簡直是翻臉了：「我就是無愛翕相，已經共你講好矣。我的相片我有版權，我怎麼知道你會不會拿我的相片去別間雜誌亂用。我不知道你的目標啦，我要回答什麼？我的代誌就按呢爾爾。我無必要逐項啥物攏共你講啊，我無彼个義務。」

場面一度尷尬，事情怎麼收場，已不復記憶，只依稀記得歐吉桑老婆文香在一旁打圓場，然後是自己就訕訕地離開咖啡館走到捷運站，臉頰熱熱的，像是挨了耳光，飄飄渺渺晃到大橋頭捷運站，模模糊糊記得車站牆壁復刻了郭雪湖名畫〈南街殷賑〉，畫面是熱鬧的大稻埕中元景象，但從自己眼裡望出去，是山雨欲來，愁雲慘霧。那遭遇太難堪，巴不得將此事從記憶中抹去，那挫敗變成心理障礙，此後無事不登大橋頭。

記憶塵封心底，直至今年初春，某日閒坐家中掛網，得知歐吉桑故世噩耗，心下有些悵惘，不由自主地點開錄音檔案，心不在焉地聽著，「你要問什麼，趕緊問啦，很多事情我不想讓別人知道，政治，我不要講，私人的事情也不想講，我又不認識你，我的祕密共你講欲創啥……。」聽到難堪處，頭皮一陣發麻，可聽到下一句啞然失笑：「無名的，講予四界知，一出名，啥物攏無愛講。」心想這人未免太直白？腦海閃過一個畫面：服務生將咖啡端上桌，他二話不說就拆了三個糖包，倒入咖啡杯，我驚呼這樣對健康不好吧，「我體質好啦。唱歌的人講吃麻辣喉嚨會壞掉，但我麻辣鍋當水喝，大中辣看我當天心情，不夠辣，就摻沙茶和蒜頭。話隨便人講啦，至今登臺，每一擺我攏講我今仔日聲音上好。」

電腦錄音檔的歐吉桑，簡直是另外一個人，當日他給我的那些難堪，如今聽來有些幽默與真情流露，問他什麼樣的契機寫〈媽媽請你也保重〉，歌曲反映臺灣各個階層，靈感何來？「臺灣囡仔去金門做兵攏會想媽媽，我只是把那個心情寫下來，有一擺去理髮店，理髮小姐替我理髮，有感而發，寫了〈理髮小姐〉。你會觀察，你有心情，就看你要不要寫而已。」又問〈運河悲歌〉是自己失戀的故事嗎？「毋是啊，就創作啊。小說家寫足濟冊，敢講攏是伊的親身經歷嗎？」但書上說你跟初戀女友去安平運河邊玩，她家人反對，你很傷心，寫了歌啊，「你怎麼這麼笨？我不這樣講，你們記者會有故事可以寫嗎⁉」

錄音檔聽著聽著，突然就笑了出來，勘破世情，全然做自己，他根本傲嬌天王欸。《文夏唱／暢遊人間物語》中，陳昇提到，乱彈阿翔在金曲慶功宴對他說：「欸，那個文夏是不是很難相處啊，為什麼有一次我跟他同臺演出的時候，我衝過去要抱他，他突然一個拐子就把我推開了。」陳昇柔聲安慰：「阿翔，天王只有一個，我猜他是怕你弄壞了他的頭髮。」歐吉桑的不拍照和不配合，與他給乱彈阿翔的拐子，兩相對照，是否可以解釋成他對音樂和形象的執著？想通這一點，一切都釋懷了，檔案在文香大姐有事先走結束了，一切都結束了，那個心結也打開了。

未料瞥見電腦螢幕，同一天的檔案夾怎麼還有另外一個音檔？一頭霧水地點開，撲面而來唏哩嘩啦的雨聲。雨聲中聽聞我對歐吉桑說：「下雨了欸，老師你有帶雨傘無？」「無呢。」「按呢你按怎轉去？」「等雨停。阮兜就佇路對面。」「我陪你開講好無？」「好啊。」登時想起來，當日本來我們起身都要離開了，未料下了一場大雨，兩個人被雨困住了，有一搭沒一搭地尬聊著。

問愛看電影的他最近看了什麼戲？他答：「我問你吼，最近有一齣電影，足歹看，但大家都跑去看，大家都在講，但我報紙掀開來，看不到哪裡演，我要去哪裡看？」「《台北物語》啦，抑無我？你去看電影好無？」「免啦，我家已去看就好。」「老師你怎麼這麼討厭訪問啦？足歹鬥陣呢。」「無啊，較早起來，就愛化妝，愛想等咧欲穿啥物衫，閣驚講到朋友的代誌，費氣啦。中晝欲出門，朋友敲電話講欲約我食飯，但我想給你約下去了，袂使失信，對無？抑無，我予你問五个問題啦！」「好啊，好啊，你幹麼去日本還改名夏邦夫？」「就想講去日本發展，換一个日本名試看覓啊，邦是國家嘛，我是夏日南國來的，夏日國家的男人，毋是叫夏邦夫嗎？」「你剛剛說你寫〈漂浪之女〉，是看了上百本言情小說，有感而發，你是看日文還漢文啊？」「中國冊啊，阮佇日本時代，講日本話，到中國時代，才學中國話，看中國冊。」

從日本時代到中國時代，時代的車輪，輾轉誤了青春，夏日南國的男人在夾縫中生存，絕口不提政治的他最後還是鬆了口：「電視開播，『群星會』很轟動，暗時，一群女明星予大官叫去陪酒，女明星攏一寡外省的，對大官講臺灣歌沒水準，大官就共阮攏禁掉矣，阮的〈悲戀的酒杯〉變成謝雷的〈苦酒滿杯〉，〈新娘悲歌〉變成余天的〈相見不如懷念〉，好笑的是那些大官禁我們的歌，他們的小孩，新聞局的小孩喔，九〇年代去西門町看日本合唱團，多諷刺啊。」一時代沒有容身之處，寶島歌王盛年流落異國溫泉鄉，抱著吉他，按著客人的要求，唱著故鄉的情歌：「若唱出越會想起昔日的故鄉情景，忍著忍著忍著，忍著目睭墘，熱情的珠淚，一時陣忍不住，煞來哭出來。」心聲也都寫在歌詞裡了。

錄音檔的話題轉到歐吉桑說隔天要去日本旅行，要去山陰、山陽，他說他要去吃一蘭拉麵，我趁機說老師，要不你回臺灣，我閣敲電話予你，咱約訪問好無？「好啊。」那是錄音檔案歐吉桑跟我講的最後一句話。一切的記憶都不算數，原來記憶愁雲慘霧，是當天真正下了雨，聽著檔案中淅瀝瀝的雨聲，竟然有一種泫然欲泣的酸楚，歐吉桑並未拒絕我，但始終沒有給他打電話，我到底是辜負了他。

——原文篇名〈沒有人打電話給歌王〉，發表於《自由副刊》（二〇二三年六月六日）。

子彈與玫瑰

十年訪談，三十場對話，十萬個為什麼

作　　者：李桐豪
責任編輯：孫中文
責任企劃：藍偉貞
整合行銷：何文君
副總編輯：陳信宏
執行總編輯：張惠菁
總　編　輯：董成瑜
發　行　人：裴　偉

封面美術：顏一立
協力編輯：陳孟姝
照片提供：鏡週刊、BIOS monthly
內頁排版：宸遠彩藝工作室
電子書轉檔：汪達數位出版

出　　版：鏡文學股份有限公司
114066 臺北市內湖區堤頂大道一段 365 號 7 樓
電　　話：02-6633-3500
傳　　真：02-6633-3544
讀者服務信箱：MF.Publication@mirrorfiction.com

總　經　銷：大和書報圖書股份有限公司
248020 新北市新莊區五工五路 2 號
電　　話：02-8990-2588
傳　　真：02-2299-7900

印　　刷：漾格科技股份有限公司
出版日期：2024 年 10 月 初版一刷
I S B N：978-626-7440-45-2
定　　價：480 元

國家圖書館出版品預行編目 (CIP) 資料

子彈與玫瑰：十年訪談，三十場對話，十萬個為什麼/李桐豪著. -- 初版. -- 臺北市：鏡文學股份有限公司, 2024.10
面；14.8×21 公分 . -- (MO；34)
ISBN 978-626-7440-45-2 平裝)

1. 訪談 2. 人物志 3. 臺灣

783.31 113014511